OS PROCURADORES DE DEUS

PRIMEIRO LIVRO ESPÍRITA DE
HERMINIO C. MIRANDA

OS PROCURADORES DE DEUS

© 1967 Herminio C. Miranda

Editora Espírita Correio Fraterno
Av. Humberto de Alencar Castelo Branco, 2955
CEP 09851-000 – São Bernardo do Campo – SP
Telefone: 11 4109-2939
correiofraterno@correiofraterno.com.br
www.correiofraterno.com.br

Vinculada ao  www.laremmanuel.org.br

2ª edição – 1ª reimpressão – Setembro de 2015
7.000 exemplares

A reprodução parcial ou total desta obra, por qualquer meio, somente será permitida com a autorização por escrito da editora.
(Lei nº 9.610 de 19.02.1998)

Impresso no Brasil
Presita en Brazilo – Printed in Brazil

COORDENAÇÃO EDITORIAL
Cristian Fernandes

PREPARAÇÃO DE TEXTO
Eliana Haddad e Izabel Vitusso

CAPA, PROJETO GRÁFICO E EDITORAÇÃO
André Stenico

CATALOGAÇÃO ELABORADA NA EDITORA

Miranda, Herminio C.
    Os procuradores de Deus / Herminio C. Miranda. – 1ª ed., 1ª reimp. – São Bernardo do Campo, SP : Correio Fraterno, 2015.
    240 p.

    ISBN 978-85-98563-84-8

1. Deus. 2. Morte. 3. Espírito. 4. Matéria. 5. Espiritismo. 6. Ciência. 7. Jesus. 8. Cristianismo. 9. Reforma Protestante. I. Título.

CDD 133.9

Il n'y a de foi inébranlable que celle qui peut regarder la raison face à face à tous les âges de l'humanité.

(Só é inabalável a fé que pode enfrentar a razão face a face, em todas as épocas da humanidade.)

ALLAN KARDEC

SUMÁRIO

Apresentação 15
Introdução 19

LIVRO PRIMEIRO - O PREPARO DA TERRA 22
   1. O homem diante da morte 25
   2. O problema de Deus 27
   3. A ideia do espírito 29
   4. Aparência e realidade 31
   5. Civilização e vida 32
   6. As emoções do ceticismo 33
   7. Deformações religiosas 34
   8. O alarido teológico 36
   9. A modernização do inferno 37
   10. A punição eterna 38
   11. Complexidades insolúveis 39
   12. Novas complicações 41
   13. Parêntesis purgatorial 42
   14. A indulgência 43
   15. A venda das indulgências 45
   16. Há dois infernos 47

OS PROCURADORES DE DEUS

17. As origens do inferno 49
18. Introdução da fábula no cristianismo 50
19. O juízo final 53
20. A horticultura celeste e a infernal 56
21. Corpo e alma do demônio 57
22. Da arte de pecar 58
23. A gradação da felicidade 60
24. A fé justifica? 62
25. A salvação e a fé 64
26. A fé e as obras 65
27. A teofagia 67
28. O pão e o vinho 68
29. Duas categorias de leitores 69
30. Teologia: fim ou meio? 70
31. Os caminhos da intolerância 72
32. A Inquisição Protestante 75
33. A institucionalização das ideias 76
34. O exemplo dos judeus 77
35. A salvação exclusiva 79
36. Ação e reação 80
37. A maturidade espiritual 81
38. Pequena digressão sobre o Gênesis 82
39. Outras consequências do pecado original 84
40. A divindade de Jesus 86
41. "... Aquele que me enviou" 87
42. A tentação e o demônio 89
43. O maior mistério da fé 90
44. "Pai, se for da vossa vontade" 91
45. A mensagem do Cristo 92
46. Outros dogmas 94
47. A missão 95
48. A desumanização de Maria 97

49. A condição humana de Jesus 98
50. Temores e angústias.. 99
51. Dúvidas e enganos... 100
52. O problema escatológico....................................... 102
53. O reino de Deus 103
54. A escatologia de Paulo 104
55. Cristianismo intelectual 106
56. Resumo.. 107

LIVRO SEGUNDO - A SEMENTEIRA.............................. 110
1. Programa de trabalho 113
2. A ilusão da matéria 115
3. Exame da terminologia.. 116
4. A classificação das ciências 117
5. Do inconsciente ao consciente 118
6. Comte e Geley.. 120
7. Lições da série evolutiva.. 120
8. Pequena digressão acerca da notação matemática.... 121
9. Como examinar espíritos....................................... 123
10. Micro e macrocosmos... 124
11. O testemunho da ciência 125
12. Provas inadequadas 126
13. A iniciativa dos espíritos 127
14. Como enganar toda gente durante todo o tempo... 128
15. Que provas? Que ideias? 130
16. A ilustre confraria dos lunáticos 131
17. Lodge e a sobrevivência 133
18. Incredulidade e desconfiança.............................. 134
19. Condições de observação 137
20. Os que explicam tudo... 137
21. Telepatia ou televisão?... 138
22. Teleconhecimento 139

23. Universalidade da hipótese alternativa 140
24. A hipótese ESP 141
25. Fraude e resíduo 142
26. Tratamento do resíduo 144
27. O caso de Conan Doyle 145
28. A longa espera da verdade 146
29. Metapsíquica 147
30. A parapsicologia 148
31. Os testes 149
32. Tempo e espaço 150
33. Trinta anos de pesquisa 151
34. Hipnotismo 152
35. Surpresas de um hipnotizador 154
36. Regressão de memória 156
37. Experiências recentes 157
38. A dramática pergunta 158
39. Humildade intelectual 159
40. O fenômeno do desprendimento do espírito 160
41. Superestrutura filosófica alicerçada nos fatos 163
42. A prova provada 164
43. Causa e efeito 165
44. O momento da verdade 166
45. Gênese e destinação do espírito 166
46. Preexistência 168
47. A dúvida agostiniana 168
48. O aprendizado da vida 169
49. Atributos intelectuais e morais 170
50. A questão biológica 170
51. Limitações à liberdade 172
52. A suprema solidão 173
53. Recapitulação da experiência 174
54. O resgate das faltas 175

55. O ser inconsciente hedonista e primitivo 176
56. Processo de maturação 177
57. A lenda do atavismo biológico 178
58. Passeio por águas freudianas 179
59. Espírito e matéria 180
60. O iceberg 181
61. O sonho 182
62. O sonho profético e o sonho coincidente 183
63. Pensar com a própria cabeça 184
64. Hipnose e catarses 186
65. O masoquismo de Rousseau 187
66. Mente ou espírito? 189
67. O fenômeno da materialização 191
68. *Sir* William Crookes 191
69. *Sir* Oliver Lodge 192

Livro Terceiro - A colheita 196
1. O cordão fluídico 199
2. Readaptação 200
3. O suicídio 201
4. Consequências 203
5. Renascimento 204
6. Deformações e teratologias 205
7. A crise da morte 206
8. Balanço 207
9. Aprendizado e preparação 208
10. O fenômeno da obsessão 209
11. Exemplo de tratamento psiquiátrico 212
12. Os milagres 212
13. Disfunções espirituais 214
14. Intercâmbio nos dois mundos 216
15. "Onde está, ó morte, a tua vitória?" 218

16. Os percalços da vida física 220
17. A lei do amor e do perdão 221
18. É assim a morte 223
19. Da arte de morrer 224

Apêndice - Kardec, o pensador 227
Apêndice - A obra espírita de Herminio C. Miranda 235

Apresentação

Corria o ano de 2009 e numa manhã recebemos a notícia de que Raymundo Espelho, um dos fundadores da editora Correio Fraterno, teria encontrado uma obra rara em um sebo.

Tratava-se de um exemplar do primeiro livro espírita escrito por Herminio C. Miranda, em 1967, o primeiro de uma lista de mais de quarenta obras, que surgiriam ao longo de sua caminhada como pesquisador, ávido por compartilhar em livre exposição de ideias as conclusões a que fora chegando em seus estudos.

Quarenta e dois anos depois de ter escrito *Os procuradores de Deus*, o autor relê sua obra e a vê de interesse do público leitor ainda, dizendo ser preciso apenas "uma escovada" para a atualização.

O projeto para sua reedição tomou pulso. Ali estavam as sementes que seriam mais tarde desenvolvidas em temas empolgantes, que marcaram época, em livros como: *Cristianismo – a mensagem esquecida, As marcas do Cristo, O evangelho gnóstico de Tomé, Os cátaros e a heresia católica* e *As sete vidas de Fénelon*, dentre outros.

Tirar o pó das páginas e fazer reluzir suas reflexões como pedras preciosas, trazia para Herminio uma preocupação: ele não sabia se daria tempo. "Se é que as leis divinas me permitirão ficar por aqui mais algum tempo, pois estou programado para completar 90 anos em janeiro próximo", dizia ele em conversa amistosa em 2009. A cada diálogo, novas impressões. Suas ideias libertas e sua vontade de sempre fazer mais surgiam em nossas conversas impregnadas de sensações. O tempo se esvaía, comprometendo seus planos na Terra: "Deus sabe de mim", dizia!

Herminio partiu em julho de 2013, aos 93 anos, quando o livro estava ainda a caminho.

Brilhando por seu frescor, carregado de verdades espirituais, eternas e imortais, aqui está o livro, embalado com nosso carinho e gratidão.

EQUIPE CORREIO FRATERNO

HERMÍNIO C. MIRANDA

Os procuradores de

DEUS

EDIÇÃO CALVÁRIO

Introdução

*Aquele que não proclama a verdade
quando a conhece, torna-se cúmplice de
mentirosos e falsários.*
CHARLES PÉGUY

CARO LEITOR,

ESTE LIVRO É uma conversa mais ou menos informal acerca do problema da vida e da morte. Não me preocupou na sua elaboração o desenvolvimento de um plano muito metodizado, numa sequência rígida, pejada de citações eruditas e obscuras. Deixemos essas virtudes austeras aos sisudíssimos tratados de teologia. Estamos cansados de erudição e obscuridade. Pareceu-me chegado o tempo em que problemas vitais como esses devam ser examinados por nós outros, gente como você e eu. Até aqui, teólogos muito ilustres, na verdade, mas muito complicados, exerceram por nós esse mandato, como se lhes tivéssemos outorgado uma procuração de ilimitados poderes para cuidar disso para nós. Ficávamos na posição da massa ignara, que luta e sofre *ici-bas*,[1] enquanto os cavaleiros andantes do intelecto pensavam por nós as nossas ideias, com a doce e piedosa intenção de no-las entregarem já escoimadas de erros e de alçapões

1. Aqui na Terra. (N.E.)

que pusessem em perigo aquilo a que chamavam de *salvação da nossa alma.*

Queremos agora uma discussão franca de problemas que tão profundamente nos interessam, por dizerem respeito à mais transcendental perquirição do ser humano: a majestosa equação da vida.

Vamos, por nossa própria conta e risco, sacudir o pó que recobre os velhos e encarquilhados dogmas. Vamos fazer incidir sobre as antigas especulações as novas luzes que o homem vai conquistando com a sua maturação espiritual. Vamos ver onde acaba a ciência – se é que acaba – e onde começa a religião; ou se aquilo que nos parece uma linha demarcatória não resulta de mera deficiência dos nossos métodos de observação. Vamos tentar discutir em linguagem desataviada aquilo que teologias milenares têm procurado explicar a seu modo.

Também quis conversar a nosso modo, sem me amarrar demais às formalidades dialéticas. Fui intercalando aqui e ali as ideias que me ocorriam ao sabor do momento, sem lhes tirar o frescor da espontaneidade. Às vezes, faço digressões; de outras, insisto num ponto já exposto e que me parece merecedor de destaque. Organizei para este livro modesto apenas um esquema sumário e o escrevi, quase todo, longe das obras de consulta, na despreocupação de umas férias em Caxambu (MG), à sombra das árvores e dos caramanchões do parque.

Com toda a sua modéstia e a despeito de sua informalidade, porém, esta obra tem uma pretensão: destina-se de modo especial a criaturas inteligentes e arejadas. Aqueles que se acham ainda imantados à estreiteza do dogmatismo irredutível não encontrarão aqui leitura amena.

Entendo que a inteligência tanto pode ser um ônus para o espírito como o dínamo da sua evolução. Agarrada a cadáveres ideológicos, é mais prejudicial do que a ignorância indiferente, porque esta ao menos não faz proselitismo. Pouco serve ao progresso de si mesmo e da humanidade aquele que se recusa a reexaminar sua posição, a discutir princípios que julgue irremovíveis, a abandonar ideias velhas por novas, depois de estudá-las, naturalmente.

É a própria civilização que se renova nesses exames e nessas retomadas de posição. Só evolui aquele que tem a coragem de desligar-se de velhas fórmulas imprestáveis que já tiveram seu tempo e sua finalidade. Nisso está o drama e a glória dos que, através da história, têm procurado arrastar para frente a todos nós, os que às vezes se demoram na comodidade de uma ideia sem perceber que ela já se desvitalizou.

A morte é apenas um incidente na escala evolutiva, início de uma pausa necessária sob todos os aspectos. Aos que estão, por assim dizer, iniciados nos seus segredos, é uma liberação que se espera em tranquila expectativa. Não pensam dessa forma, porém, aqueles que, no dizer de são Bernardo, *ont la folie d'aimer leurs chaines*.[2] Os que apreciam a prisão da carne é porque ignoram as doçuras da liberdade *post mortem*.

Reformulando um desgastado slogan, só resta dizer, leitor, que neste livro nada tem você a perder, senão as suas inquietações – se as tiver. Aos que não as têm, tanto melhor.

A uns e outros, nos veremos um dia, alhures, aqui na vida terrena ou no mundo espiritual, nessa maravilhosa aventura da vida.

2. Têm a insanidade de gostar de suas correntes. (N.E.)

Até por lá,

Livro Primeiro

O PREPARO DA
TERRA

Ce que nous ignorons serait suffisant pour recréer le monde; et ce que nous savons ne peut prolonger d'un instant la vie d'une mouche.[3]

MAURICE MAETERLINCK

3. O que ignoramos seria suficiente para recriar o mundo; e o que sabemos não é capaz de prolongar por um instante sequer a vida de uma mosca. (N.E.)

1. O HOMEM DIANTE DA MORTE

A POSIÇÃO DO homem diante do problema da morte está condicionada ao seu grau de conhecimento. Basicamente três são, no meu entender, as atitudes filosóficas que a criatura humana pode assumir nesse caso: temor, indiferença e serenidade.

Temem a morte aqueles que se afligem em face do desconhecido, como também os que se deixaram impressionar pelas deformações de uma teologia medieval, semeada de terrores, ameaças, castigos e reparações.

A indiferença também tem sua gênese na ignorância ou, se preferem a coisa mais atenuada, na descrença pura e simples que é outra forma de ignorância. Muita gente que se tem na conta de erudita ficaria perfeitamente bem nessa classificação. Naturalmente que podemos ser muito instruídos numas tantas coisas e totalmente jejunos em outras. O pior é que, quando conhecemos muito de determinado ramo de cultura, achamos (ou 'acham' por nós) que podemos entender de tudo o mais.

Finalmente, no extremo oposto do espetro, vamos encontrar os que encaram a morte com tranquilidade. Espero que o leitor perceba logo a sutileza entre indiferença e tranquilidade. O indiferente pode parecer tranquilo, mas não em razão da sua indiferença e sim do seu desconhecimento. A tranquilidade, ao contrário, é segura de si porque sabe, é consciente. Para emprestar à classificação certo rigorismo – quase diria preciosista – poderíamos subdividir essa categoria em duas: a dos que são serenos por se crerem tocados pela graça e julgam ter assegurada a sua salvação, e a daqueles cuja serenidade emerge do conhecimento efetivo das condições de vida no mundo póstumo. Os primeiros ainda podem ter lapsos de temor, quando a dúvida se lhes insinua no espírito. É o crente que segue os preceitos da sua religião preferida e está certíssimo de que a obediência a esses preceitos lhe garante uma existência beatífica, após a crise da morte. Lá um dia, porém, diante de uma falta mais grave ou de uma dúvida mais séria, a pobre criatura sofre um curto-circuito. Sentindo balançar a confiança na teologia que lhe ensinaram, entra a confabular consigo mesma, repetindo o velho solilóquio shakespeareano.[4]

Do que ficou dito, pode-se admitir sossegadamente que a diferença entre temor e serenidade em face da morte resume-se, em análise final, a uma questão de conhecimento. Não falo de conhecimento dessa ou daquela teologia, desse ou daquele postulado científico que tenham de alguma forma tratado do problema da morte: refiro-me ao conhecimento e ponto. Conhecer é compreender, é entender, esclarecer-se, saber. E nem tememos aquilo que conhecemos, nem podemos encarar com indiferença – conhecendo-lhe as justas medidas – um problema como o da morte.

Logo, existe uma verdade mais profunda do que parece no ensinamento evangélico que preconiza: "Conhecereis a verdade e a verdade vos tornará livres."

> 4. *To be or not to be, that is the question* (Ser ou não ser, eis a questão), a famosa frase que encontra-se na cena I do ato III da peça *A tragédia de Hamlet, príncipe da Dinamarca,* de William Shakespeare. (N.E.)

2. O problema de Deus

Não desejo, é claro, emprestar a este livro um cheiro de sacristia, nem discutir aqui os inúmeros aspectos religiosos suscitados pela questão. Não seria, porém, possível, fugir de alguns deles, pois o destino subsequente da criatura humana traz em si mesmo profundas implicações religiosas. Afinal de contas, a morte tem sido através dos tempos um dos principais objetos das cogitações teológicas, desde as religiões mais primitivas até as sofisticadas discussões e bizantinices da moderna teologia. Nesta, tanto se especula em torno da ideia de Deus que se esquece de praticar as virtudes que levam a Ele. O que não se pode, entretanto, é admitir que o assunto seja da alçada exclusiva da religião, como tem sido até agora, interpretado por aqueles a quem interessa a permanência do atual estado de coisas.

Não é minha intenção aqui estender-me no debate acerca de Deus. Primeiro, porque não estamos ainda, os homens, equipados intelectual e moralmente para uma abordagem, mesmo primária, do assunto. Segundo, que não podemos considerar indispensável ao conhecimento do destino póstumo do ser humano o entendimento completo da natureza de Deus. É preciso, porém, ressaltar que também não estou interessado em arribar-me no outro extremo da escala e, influenciado por cientificismo autossuficiente e agnóstico, considerar inteiramente inadequada, superada e inútil a ideia de Deus.

Quem se arrisca a expor seus pontos de vista a respeito de assuntos tão transcendentais, está na obrigação moral de exibir suas credenciais: acho tão perniciosa à evolução do espírito a descrença pseudocientífica, como o exagerado misticismo que atribui a Deus condições e características humanas, numa analogia que, sem corrigir o homem, avilta a ideia de Deus. Guardadas as devidas proporções, Deus é, para mim, como seria um profundo problema de mecânica celeste para uma criança que está aprendendo a somar. Que Ele existe é mais do que evidente. Este não é o lugar nem esta a oportunidade de repetir os argumentos e as razões que costumam ser invocados em apoio da afirmativa. Mesmo o velho Voltaire – tão injustiçado por aqueles que não o leram bem ou se o fizeram não o compreenderam – afirmava que, colocados diante de um relógio, não poderemos, de forma alguma, deixar de admitir a existência de um relojoeiro. E não será o Universo, largo e imenso laboratório, algo mais do que um simples mecanismo para marcar a convenção do tempo?

Considero, portanto, para esta conversa inteiramente inócua a especulação em torno da existência de Deus. Dentro dos quadros atuais da ciência, nada temos a acrescentar ao que já se disse a respeito. De outro lado, há uma contradição filosófica irremovível no exame do problema: aqueles que teimam em *definir* Deus, cometem de início um erro semântico, pois o verbo em si já implica delimitar, pôr fim, subordinar alguma coisa a conceitos relativos. Ora, se não podemos alcançar a lua com as mãos, por que vamos reduzi-la a um queijo, apenas porque, pelo menos, entendemos o que é um queijo?

3. A IDEIA DO ESPÍRITO

*O ser não é uma realidade que se dá,
mas a que busca a si mesma.*
LOUIS LAVELLE

QUANTO À IDEIA do espírito, essa não; essa vamos examinar bem de perto, tanto quanto nos permitir o conhecimento já acumulado sobre ele. Se o leitor está entre aqueles que duvidam da existência do espírito é de mais fácil recuperação. Se, não obstante, é dos que negam enfaticamente essa realidade, então, meu caro, você está com um atraso de pelo menos um século na sua formação filosófica. Para ambos há uma grande novidade a oferecer: o espírito existe de fato e não apenas como abstração filosófica para ocupar o tempo dos que escrevem tratados de metafísica e o daqueles que os leem. Aliás, a novidade é ainda mais ampla, porque não apenas *temos* um espírito, senão que *somos* espíritos.

Atribuí ao atraso do descrente um século, mas na verdade ele é muito maior, porque mesmo nas civilizações mais primitivas já desabrochava no homem a intuição da sobrevivência do espírito e, portanto, a da sua existência.

Por muitos milênios usou-se enterrar o morto com as suas armas, seus apetrechos, alimentos, joias e até criados e esposas, porque na vida do além – assim supunham – iria ele precisar dos recursos indispensáveis a esta.

Já quase dois séculos[5] se acrescentaram aos quarenta proclamados por Napoleão aos seus soldados no Egito:

"Quarenta séculos vos contemplam do alto dessas pirâmides", dizia o corso aos seus homens.

Por que lhes chamava a atenção para aquele monumento eri-

5. O texto deste livro foi mantido fiel ao original, sendo importante observar, para o entendimento de determinadas colocações e referências de tempo, que a obra foi publicada originalmente em março de 1967. (N.E.)

gido há quatro mil anos? Que teria atravessado o pensamento do general ao evocar os milênios e para eles solicitar a atenção dos seus homens? Teria ele acabado de meditar sobre a fragilidade do engenho humano e, como Maeterlinck, achar que toda a ciência não dá para prolongar em um minuto a vida de uma simples mosca? Não sei. Sabemos, entretanto, que o brado de Bonaparte, aquele exímio cunhador de expressões bombásticas, foi proferido diante de monumentos erguidos à ideia da morte. Não tanto os séculos contemplavam aqueles soldados sob o sol causticante do deserto: era a morte, com toda a grandeza da sua dignidade. Os escravos que haviam levantado aqueles imensos mausoléus estavam tão mortos quanto os faraós para os quais foram eles construídos. Vou retificar o que ficou dito: estavam tão vivos quanto os seus antigos senhores, pois que apenas o corpo físico desmorona, desintegra-se e se apaga na superfície da Terra. O espírito não, porque não traz em si a substância dessa mesma Terra. Ele aqui vem como visitante, como escafandrista que veste a sua armadura para descer ao fundo do oceano, mas um dia sobe à tona, abandona o casulo e regressa à sua verdadeira condição. O espírito, no dizer de Shakespeare, é da substância diáfana, do estofo de que se compõem os sonhos. Mais do que licença poética, há nisso um tanto de verdade... Os poetas, desligados das amarras terrenas, deixam a imaginação adejar pelas imensas abóbadas da intuição. E muitos dos sonhos que puseram em versos através dos tempos transmutam-se depois em realidade. Melhor ainda: já eram realidade quando foram sonhados; apenas não foram levados a sério porque os chamados espíritos 'racionais' e 'positivos' os receberam com muxoxos superiores: isso são coisas de poetas – diziam...

É que, às vezes, nos estribamos naquilo que melhor tem aparência de realidade e deixamos de lado, por inútil, a realidade mesma, só porque se expressa em termos que não alcançamos.

4. Aparência e Realidade

Também Camões, o imenso luso, cantou essa ilusão:

*Oh! caminho de vida nunca certo,
Que aonde a gente põe sua esperança
Tenha a vida tão pouca segurança.*

TAMBÉM ELE SABIA que tantas vezes valorizamos justamente aquilo que menos atende ao interesse do nosso espírito.

Vivemos num corpo material formado de células montadas mecanicamente com átomos e nos deixamos embalar pela temerária ilusão de que em lugar de simples objeto, de mero instrumento de trabalho do espírito, o corpo é tudo; que não *estamos* nele, senão que *somos* ele.

Outras ilusões decorrem dessa que é fundamental; achamos que o pensamento é mera segregação da matéria como se fosse possível à vibração inferior escalar aquela que lhe é imensamente superior. Invertemos até os princípios mais rudimentares da física que tanto se cultua nos laboratórios, nas cátedras e nas academias, só porque interessa a esse curioso estado de auto-hipnose a continuidade dessa anestesia espiritual. A dessensibilização nos exonera da obrigação de pensar coisas transcendentais, livrando-nos das preocupações com aspectos éticos da vida, e nos faculta esse monoideísmo egoísta que nos arrasta à disputa do poder material, à conquista da fortuna, à exploração do semelhante ou, na melhor das hipóteses, à indiferença por tudo o mais que esteja fora e à parte dos nossos interesses imediatistas.

5. Civilização e vida

Liberdade é a posse de si mesmo.
HEGEL

JULGAMOS TAMBÉM QUE a vida é apenas isto: uns poucos decênios de atividade entre dois símbolos decrépitos: berço e túmulo. Daquele para este, um perseguir cego de prazeres, um empenhar-se inconsequente na busca de dinheiro, um vão especular em torno de ignaras filosofias, um imolar-se inteiro a falsos deuses, a falsos valores, a falsos símbolos, um cego e generoso contribuir à aceleração de um processo cultural deformado a que damos o nome eufônico, mas eufemístico de civilização.

Pois, então, será civilização um estado de coisas que ainda abriga ódios raciais, que disputa uma corrida louca para ver quem agarra o máximo de força desintegradora, que empenha milhões para mandar um homem à Lua antes de saber quem é realmente o homem?

E depois disso, daqueles escassos anos de 'vida', todo o ser mergulharia no abismo do nada. É claro que a conclusão tem de ser essa para o que se limita à contemplação narcisista do seu corpo físico. Como poderia conceber a continuidade da vida e a sua autonomia aquele que não pode ir além da matéria? Também seria impossível ao verme acreditar na existência dos seres alados a voarem na amplidão dos céus.

Vemos então a extrema fragilidade e contradição desse endeusamento do materialismo. A ciência – essa outra deusa – observa e proclama a extraordinária economia dos processos naturais, onde tudo tem lugar, finalidade, valor, função, razão de ser; onde nada existe por acaso e onde – no dizer de Lavoisier, o sábio guilhotinado – nada se cria e nada se perde, tudo se transforma e onde não há efeito sem causa. Essa mesma natureza criadora, que coloca tanto cuidado na formação de uma simples ameba, teria chegado a montar e operar a complicadíssima estrutura do ser humano e, mais do que isso, dotá-lo de razão e entendimento, fazê-lo sonhar até com as grandezas do desconhecido para, de repente, jogá-lo fora num monturo para deixar apodrecer a sua carcaça, sem que daquela ruína biológica coisa alguma se aproveitasse.

6. As emoções do ceticismo

A verdadeira escravidão de Israel no Egito estava em que eles aprenderam a suportá-la.
Rabi Hanoch de Alexandre

Na adolescência experimentei também a doença do ceticismo. Recém-egresso de uma fase de misticismo religioso, sentia-me um homem livre de crenças e de crendices. Sem nunca ter lido Augusto Comte, julgava-me um ser emancipado e, como o Philip Carey,[6] de Somerset Maugham, eu também dava graças a Deus por não mais acreditar Nele. É uma curiosa emoção essa. Não digo que fosse euforia, nem alívio, porque vinham nela uns fiapos de melancolia. Talvez a saudade das pompas e daquela tranquilidade que nos proporciona o culto religioso bem observado e pouco meditado. Eu era livre para cometer qualquer deslize e fazer do meu destino o que bem entendesse. Não havia ninguém para tomar conta dos meus atos e nem eu tinha de responder por eles jamais. A morte seria o simples dobrar de

6. Personagem do romance *Of human bondage* (*Da escravidão humana*), do romancista e dramaturgo britânico William Somerset Maugham. (N.E.)

uma página em branco de um livro inútil. A vida, um jogo não menos inútil e incompreensível de emoções e de canseiras, com algumas alegrias aqui e acolá. De permeio, um imenso bocejo. Afinal de contas, qual a razão de tudo aquilo? Por que nascemos? Para quê? Que seria a vida? E o que seria a morte?

Mas o espírito que abandona uma crença religiosa porque não mais lhe acalma os anseios e nem lhe satisfaz às especulações do intelecto acaba por sentir-se também insatisfeito com o dar de ombros do negativismo. O homem que procura respostas claras, diretas, objetivas às suas inquietações não se dá por satisfeito e atendido dentro das estreitezas do materialismo, como não se sente à vontade no acanhamento do dogmatismo religioso. Tivesse a bandeja de pender para um desses dois lados, seria então preferível ficar com a rigidez da teologia, porque ao menos esta não é cínica nem amoral; ao contrário, visa – ainda que nem sempre o alcance – a uma finalidade nobre, que é tentar explicar ao homem a sua natureza espiritual e mais acertadamente estabelecer os critérios a serem observados nas suas relações com o Ser Superior.

7. DEFORMAÇÕES RELIGIOSAS

*Tudo falta àquele que se jacta
de tudo possuir.*
SÃO BERNARDO

CRIMES, DESVIOS E deformações cometem-se em nome de todos os princípios, de todos os ensinamentos, de todas as especulações, por mais nobres e puros. Se de um lado a descrença leva a desvarios de toda a sorte, de outro muita opressão se exerceu e se pratica em nome de ideias amparadas pelos melhores teólogos de todas as religiões.

Bonaparte tinha mais respeito pelos muçulmanos porque impunham os ensinos do profeta a fio de cimitarra. Conta Renan[7] que um discípulo de Maomé ameaçou degolar aquele que dissesse que o mestre havia morrido. Já o cristianismo dos primeiros séculos foi uma religião de escravos e réprobos. Ninguém podia entender uma doutrina que mandava oferecer a outra face a quem esbofeteasse uma delas. Que reservava o prêmio da vida aos pobres e aos miseráveis e não aos ricos e poderosos. Quando os primeiros patrícios romanos se sentiram tocados por aqueles ensinos foi um deus nos acuda. Onde e quando se tinham visto nobres romanos de mistura à plebe, adotando um deus que sequer tinha representação material e do qual apenas falara um doce rabi sonhador que morrera crucificado como qualquer criminoso vulgar?

No entanto, essa mesma religião feita de renúncias e de amor ao próximo passou pelo vexame supremo de ver implantado em seu nome um instrumento de martírio como a Inquisição para todos os que desafiassem os dogmas estabelecidos. Muitas vezes nem era preciso discordar dos dogmas; bastava discordar dos guardiões deles ou, nem isso, era suficiente ter bens que despertassem a cobiça daqueles mesmos que se arvoravam em árbitros das crenças alheias em nome de um Deus que, segundo eles próprios, era todo amor e caridade.

E as dissensões entre os membros da mesma crença? E os cristãos que estraçalharam outros cristãos, citando os mesmos versículos do mesmo Evangelho do mesmo Cristo?

7. Joseph Ernest Renan, escritor, filósofo, filólogo e historiador francês. (N.E.)

8. O ALARIDO TEOLÓGICO

Poucas coisas neste mundo são tão perniciosas quanto uma ideia mal assimilada. Pelos mais ridículos erros de interpretação, disputamos ferozmente, até mesmo com os que temos por amigos. É tamanha a intransigência dos teólogos quando batalham em torno de um ponto doutrinário, que Philipp Melanchthon declarava morrer feliz, porque, afinal, libertava-se da fúria teológica.

Nas discussões para assentar as vistas sobre se a fé justificava ou não, não foram poucos os que perderam a cabeça e até a vida, no arrebatamento da paixão doutrinária. Muitas inimizades irredutíveis surgiram de polêmicas homéricas sobre a caridade, a justiça, o amor, a fé. Isso tudo, temperado com doses maciças de política, dá uma ideia das razões que levaram a essa tessitura de erudição inútil que se enrolou em torno dos princípios tão simples e humanos do cristianismo originário. Na obra dos primeiros historiadores do cristianismo – e quatro deles sobreviveram a uma verdadeira barragem de exames, interpretações, interpolações e até de seleção – não encontramos nenhuma teologia elaborada. Lá está a narrativa pura e simples da vida e obra de um ser realmente excepcional que, numa pregação direta ao povo, durante cerca de três anos, deixou um roteiro de paz interior ao alcance de qualquer criatura bem intencionada, independentemente da sua crença ou descrença. Não existe ali nenhuma sutileza canônica, nenhum artifício filosófico, nenhuma complicação metafísica. É tudo simples, compreensível e, ao mesmo tempo, da mais elevada moral. Os teólogos viriam mais tarde para explicar o que já estava explicado. É a função deles, que se há de fazer?

Com o correr dos séculos, imaginaram um mecanismo salvacionista tão desajustado à realidade e falto de lógica que a religião institucionalizada começou a produzir céticos, sem poder segurar todo o rebanho no aconchego da crença.

O erro primeiro, a meu ver, foi a paixão da exclusividade. "Fora da Igreja não há salvação", diziam os *slogans* canônicos. Muito bem. Para começo de conversa, o que é salvação? Salva-se aquele que consegue escapar de algo tenebroso, indesejável. No caso, o inferno.

9. A MODERNIZAÇÃO DO INFERNO

QUANTO AO INFERNO, não preciso perguntar: é uma das alegorias mais publicizadas de todos os tempos. Seus braseiros, suas caldeiras fumegantes e seus demônios de tridentes em punho a faiscarem os olhos de diabólica alegria são ainda o tormento de tanta gente. Para lá se vai – dizem – com passagem só de ida. Anda muito desmoralizado o inferno, não sei por quê. Nem uma gravura decente dele se encontra hoje. Quem desejar uma reprodução honesta dos domínios do chamado Pedro Botelho tem de recorrer à piedosa inventiva dos artistas medievais. Estes sim, esmeravam-se em apresentar figuras mitológicas de sorriso satânico, dois chifres no lugar próprio, um rabo longo que, ao contrário dos outros, terminava em ponta de seta e o infalível garfo para virar os pobres infelizes que se churrasqueavam no inferno.

Com esse progresso que anda por aí afora, é possível até que o inferno tenha passado por alguma modernização. As caldeiras já são tão antiquadas!... É provável que esteja tudo eletrificado, com correias transportadoras, controles automáticos e até computadores dignos de uma vasta organização. De outra forma, como iriam eles dar conta da população? Já imaginaram o trabalhão que deve dar assar aquela gente toda que deve existir por lá? Tanta barbaridade se praticou e ainda se pratica neste mundo que os condenados devem chegar lá aos magotes. E, como ninguém sai, a coisa deve andar à cunha. Aliás não sei o que fizeram do pessoal que praticou atrocidades antes de inventarem o inferno. Mas isso já é outra história.

10. A PUNIÇÃO ETERNA

O ASPECTO MAIS lamentável dessa doentia criação humana que é o inferno é o caráter verdadeiramente blasfemo da punição eterna. Se admitirmos a existência de um Deus justo e bom, compassivo e puro — e disso não há como fugir —, como é que vamos conciliar a ideia de Deus com a do castigo eterno?

— Ah! — dizem os entendidos —, mas a punição guarda relação com a natureza da falta e, se essa foi cometida contra Deus, que é infinito e eterno, então o castigo tem de ser eterno e infinito. Ora, muito bem. Segundo a teologia ortodoxa, o espírito humano ou, como preferem, a alma é criada quando se forma o ser, no ventre materno. Vem para a vida sem memória e sem preexistência (ainda veremos isso mais adiante) e vive aqui uns poucos anos, uma gota de tempo nos oceanos da eternidade. Se nesse instante que é a vida terrena, levados muitas vezes por um descuido que qualquer pai sensato perdoaria no filho, cometemos faltas que o direito canônico considera imperdoáveis, mortais, somente cobráveis na eternidade, estaremos irremediavelmente condenados. Imperdoáveis, porque nem Deus perdoa. Mortais porque causaram a *morte* à alma. Puníveis com a eternidade de sofrimentos porque ofenderam a majestade do Ser Supremo.

Vemos assim, em primeiro lugar, um Deus bom e perfeitíssimo que não perdoa. Permite que se despache para os domínios de Satanás um filho seu que criou com o mesmo carinho, tal como os outros. Sendo Deus onisciente, conhecedor do presente, do passado e do futuro – e não pode deixar de sê-lo, pelos atributos da sua divindade –, sabia que aquela alma estava sendo criada para a punição eterna. Por que a criou, então? Para escarmento dos bons, dirá alguém. Ora... Isso é resposta? Pode justificar que Deus, na sua majestade, avilte-se dessa forma? Em escala infinitamente menor, podemos imaginar um pai terreno que para evitar que alguns dos seus filhos cometam crimes, mande um deles, inocente, para a prisão perpétua?

Há uma alternativa ao dilema: Deus não sabia do destino da alma ao criá-la e nesse caso não é onisciente. Como não encontramos uma terceira ponta para a dificuldade, o que seria o mesmo que encontrar a terceira perna de um pássaro, ficamos dentro desse círculo de ferro: Deus seria cruel ou ignorante.

11. Complexidades insolúveis

Há mais, porém. Admitamos que exista inferno e que funcione, tal como dizem os teólogos, para punição eterna dos maus. Como numa família há maus e bons, pode dar-se perfeitamente o caso de a mãe ir para o céu e seu marido, em companhia dos filhos, serem remetidos ao inferno, por causa de pecados irremissíveis cometidos em vida. Então vemos essa coisa extraordinária, que é uma criatura boníssima, merecedora da paz celestial, gozando da companhia de anjos e santos, contemplar, impotente, a dor eterna daqueles a quem amou e deu vida. Que felicidade é essa que se contamina, que se envenena com a certeza de que os entes queridos amargam dores eternas?

Outras complicações em torno desse dogma estão igualmente inexplicadas. Acho que os criadores do inferno canônico buscaram ingenuamente algo que fosse de fato um suplício violento e nada conseguiram melhor do que o fogo. De fato, a dor da queimadura é terrível, mesmo pela rápida fração de um segundo. Se assim foi – e tudo indica que sim –, esqueceram-se os piedosos teólogos de pesar bem todas as consequências da coisa que engendraram. Há problemas insolúveis aí.

O fogo queima e consome. Nada existe que possa arder indefinidamente ou cozinhar-se para sempre. O calor desintegra, decompõe, transforma, reduz a cinzas. Sabem disso as cozinheiras experimentadas. As que não sabem ficam logo sabendo depois do primeiro bife queimado. Como é que querem que o ser humano suporte milênios sem fim sob o calor do inferno?

Além do mais, qual parte do ser humano? O corpo material ficou sepultado debaixo da terra e se decompôs, qualquer que seja o destino póstumo da alma. Resta, pois, a alma. Mas essa – dizem os mesmos teólogos (e com razão desta vez) é imaterial. Logo, está a salvo das chamas do inferno, cuja temperatura, segundo se afirma, é elevadíssima. A não ser que haja um fogo também espiritual, tão imaterial quanto a alma a ser tostada. Outro dilema insolúvel.

12. Novas complicações

Novas complexidades, porém, ainda temos pela frente. Segundo a teologia cristã, haverá um julgamento universal com a finalidade de dar destino definitivo às criaturas. Nesse dia – dizem – serão separados os bons para um lado e os maus para o outro. Até aí, tudo muito bem, pois não é possível que a Terra continue a ser pelos éons afora um planeta atormentado e sofrido porque um grupo de recalcitrantes não deseja acomodar-se às leis evolutivas e viver em paz e harmonia. A questão é que os teólogos acrescentaram que nessa época cada alma se unirá novamente ao seu corpo físico para, então, tomar rumo definitivo: céu ou inferno.

Vamos analisar isso por partes.

Primeiro, o corpo material é formado de átomos e moléculas que se dispersaram e se diluíram pela terra adentro. Isso os que são sepultados. Sobre os que são atirados ao fundo dos rios ou morrem de explosões, não me perguntem. Como também não me perguntem sobre os que os senhores teólogos 'abandonaram' piedosamente ao braço secular para serem queimados nas fogueiras da Inquisição.

Como é que essas almas vão conseguir reunir novamente os átomos e as moléculas que constituíram seus corpos físicos séculos, milênios antes? Essa não.

Segundo, mesmo que fosse possível recuperar cada átomo do antigo corpo físico, íamos ter muitas pessoas deformadas povoando o céu. Dizem que não. Os corpos serão ajustados, consertados, corrigidos, rejuvenescidos, perfeitos, o que não explicam também. Defeito esse dos mágicos, de não explicarem bem as mágicas para o respeitável público.

Terceiro, que história é essa de dar destino definitivo, quando já há uma multidão de gente tanto no céu como no inferno? Então céu e inferno não eram antes definitivos? Pode nesse juízo final – espécie de supremo tribunal universal – alguém recorrer da sua sentença ou obter um *habeas corpus*? Se não há revisão de processo, então para que esse negócio de destino definitivo? Os destinos já não eram definitivos quando os indivíduos foram remetidos para o inferno ou ascenderam ao céu? Poder-se-ia, no máximo, imaginar a revisão para os inquilinos do purgatório, não para os outros.

13. Parêntesis purgatorial

E POR FALAR em purgatório, vamos aqui abrir um parêntesis. Parece que não estava na intenção inicial dos teólogos criar o purgatório. Esse campo de concentração surgiu depois, quando estalou na cabeça de alguém que com apenas duas alternativas não se resolviam certas dificuldades.

Muitas vezes, o indivíduo comete o chamado pecado venial. Embora seja um sujeito excelente, não está limpinho para ir para o céu. Tem lá suas fraquezas. Mas também não é tão mau que mereça penalidade eterna. Solução: purgatório com ele, até que se resolva em definitivo o que se fará do seu caso.

Também aqui a punição parece excessiva em relação à falta. Por um pecadinho à toa – um mau pensamento ou a vontade de xingar um malcriado – e lá vai o coitado para o purgatório, até quando?

Bem, esse *quando* depende de uma porção de condicionantes. O prazo de permanência é em função da natureza e gravidade da falta, como também pode ser consideravelmente reduzido pelas preces ditas em favor da vítima, especialmente missas. Acredito que os antecedentes do criminoso, como em direito penal, também tenham sua influência, atenuando ou agravando a falta, mas isso confesso que não sei muito bem. Afinal de contas, deve existir alguma diferença entre o indivíduo que comete alguns pecadilhos lá uma vez ou outra e o que os comete com frequência, repetindo-os incorrigivelmente. Além do mais, há uma coisa que se chama indulgência.

Este assunto é da maior delicadeza, leitor. Seria preferível não mexer nele, porque já tem dado muito que falar e que escrever. Mas enfim...

14. A INDULGÊNCIA

A INDULGÊNCIA é uma redução que se obtém da pena, mediante certas providências canônicas: dizer uma prece de determinado jeito, em determinada ocasião, mandar celebrar uma missa...

Digo que o assunto é delicado porque não gostamos que toquem nos nossos pecados ou que relembrem de público e rezo, como dizem as certidões, certos 'passados' que consideramos vergonhosos. A questão é que as igrejas, como os homens, têm seus pecados. E se elas fossem julgadas por eles, como os homens, íamos ter cada surpresa!... Felizmente não inventaram um inferno e um céu para as instituições, senão estaríamos agora em outras complexas alhadas para entender mais esse monstrengo filosófico.

Um dos pecados da Igreja cristã foi a Inquisição, mas dele não falaremos, pelo menos aqui; outro, a venda de indulgências. Foi uma coisa tremenda. Só ia para o purgatório ou mesmo para o inferno aquele que não tivesse seu dinheirinho para comprar a salvação. Ou alguém que pudesse adquiri-la em seu nome.

Uma coisa vai puxando outra. Já vê o leitor que antes de prosseguir esta arenga temos de falar também acerca das indulgências. Segundo os teólogos, a Igreja ficou com poderes para atar e desatar aqui na Terra. Os poderes celestiais respeitariam sua decisão. Baseada numa passagem evangélica (Mateus 18:18),[8] a Igreja julgou-se investida dos necessários poderes para remitir, com as indulgências, as penas temporais já devidamente confessadas e perdoadas. Os pecados não perdoados, esses não. Distinguem-se duas espécies de indulgência: a parcial e a plenária. A primeira só remite parte das penas temporais. Por exemplo, uma indulgência de um ano quer dizer que ficam remidas as penas que, nos velhos tempos, teriam exigido um ano de penitência imposta pela Igreja. Mesmo os bons teólogos, entretanto, não sabem ao certo a quanto monta isso exatamente. Só Deus sabe, dizem.

A indulgência plenária cancela todas as penas temporais. Está nesse caso a que se ganha na hora da morte. Para merecê-la, é necessário estar em estado de graça, outra coisa muito complicada.

É preciso acrescentar, de vez que interessa à inteligência da nossa conversa, que "quase todas as indulgências podem também ser aplicadas, à maneira de sufrágio, às santas almas do purgatório". É, pelo menos, o que diz o autorizado *Catecismo* católico, tradução e adaptação do *Katholischer Katechismus der Bistümer Deutschlands*.[9]

8. Em verdade vos digo que tudo o que ligardes na terra será ligado no céu, e tudo o que desligardes na terra será desligado no céu. (N.E.)

9. *Catecismo das Dioceses Católicas da Alemanha*. (N.E.)

15. A VENDA DAS INDULGÊNCIAS

COM BASE NESSA doutrina é que se iniciou na Idade Média a funestíssima prática de vender indulgências. Voltaire conta que ao tempo de Carlos V os bispos vendiam aos curas, ao preço de um escudo por ano, o direito de terem uma concubina, usassem ou não do privilégio.

O que mais revoltava, porém, diz o mesmo François Marie Arouet,[10] era a venda pública de indulgências, absolvições e dispensas. Os preços variavam conforme a natureza da falta e a hierarquia do ofensor.

Um diácono poderia ser absolvido por cerca de vinte escudos. Um bispo ou um abade poderiam cometer tranquilamente o seu assassinato mediante pagamento de cerca de 300 libras. "Todas as impudícias, das mais monstruosas, tinham seus preços tabelados. A bestialidade estimava-se em 250 libras", diz Voltaire, no seu *Essai sur les moeurs et l'esprit des nations*.[11]

Mais ainda, obtinham-se dispensas não apenas para os pecados cometidos, senão também para os pecados ainda por praticar. E entre os papéis de Joinville, célebre cronista francês, foi encontrada uma indulgência em favor do cardeal da Lorraine e de doze pessoas de sua *entourage*,[12] segundo a qual se concedia a cada um deles três pecados à escolha.

Le Laboureur, tido por escritor escrupuloso, relata que a duquesa de Bourbon e Auvergne, irmã de Carlos VIII, adquiriu o direito de ser perdoada durante toda a sua vida de todos os pecados que ela e mais dez pessoas por ela indicadas pudessem cometer durante as 47 festas realizadas no decorrer do ano. E isso sem contar os domingos!

Essa gente toda estava certa de escapar às penas do inferno e às aflições do purgatório, mediante um negócio com os procura-

10. Mais conhecido pelo pseudônimo Voltaire, escritor e filósofo iluminista. (N.E.)

11. *Ensaio sobre os costumes e o espírito das nações*. (N.E.)

12. Comitiva. (N.E.)

dores do Senhor. A questão é que ninguém pedia para ver essas procurações, pois teriam logo descoberto que eram totalmente falsas. Deus não faz negociatas, não se corrompe à custa de dinheiro ou favores, nem deu jamais a ninguém autorização para lotear os jardins do paraíso.

As primeiras indulgências foram apenas concedidas aos que lutavam contra os chamados infiéis. Depois, passaram a atribuí-las aos que, não podendo ou não querendo arriscar-se aos incômodos da guerra santa, mandavam contribuições em dinheiro. A coisa revelou-se tão lucrativa que despertou o interesse dos negocistas, que sempre os há por toda a parte.

Passaram a vender indulgências para angariar fundos destinados à construção de igrejas, hospitais e mosteiros. Frederico, o Sábio as vendeu para obter dinheiro com que pudesse reconstruir uma ponte sobre o Elba.

Era uma total mercantilização, um verdadeiro escândalo. Chegou a ponto de os banqueiros da época financiarem grandes projetos a juros escorchantes, mediante garantia de arrecadação das indulgências. Era o mesmo que uma promissória. Foi o que fizeram os Fuggers.[13]

Monges devidamente credenciados saíam pela Europa a negociar indulgências como qualquer moderno caixeiro-viajante. Os apelos eram dramáticos. Roland H. Baiton, no seu *Here I stand*,[14] dá um exemplo da dramaticidade da prédica:

> Ouçam a voz dos vossos queridos parentes e amigos mortos implorando: Tenham piedade de nós! Estamos num tormento horrível, do qual podeis nos redimir por uma ninharia. Então não quereis fazer isso? – perguntava o pregador. Prestem atenção. Ouçam o pai dizendo ao seu filho, a mãe à sua filha: Nós vos geramos, alimentamos e criamos. Deixamos-vos fortunas e sois

13. Importante família de banqueiros e mercadores do final da Idade Média e início da Idade Moderna. (N.E.)

14. *Here I stand: a life of Martin Luther (Aqui estou: a vida de Martin Luther).* (N.E.)

tão cruéis e endurecidos agora que não estais dispostos a fazer tão pouco para nos liberar? Deixar-nos-eis aqui nestas chamas? Atrasareis a nossa prometida glória?

Quem resistiria a um apelo desses? Havia até uma espécie de *jingle*, talvez dos primeiros criados no campo da publicidade:

> Assim que a moedinha cai no cofre
> A alma no purgatório não mais sofre.

Foi aí que Lutero insurgiu-se contra a prática, na sua linguagem veemente e sincera. Dizia ele que as indulgências não removiam a culpa nem reconciliavam o pecador com Deus. "Se o papa tem esse poder de libertar qualquer pessoa do purgatório, por que, em nome do amor, não acaba ele com o purgatório, deixando todos saírem de lá?"

Essa é uma boa pergunta e vale até hoje, mesmo que as indulgências não sejam mais negociadas.

16. HÁ DOIS INFERNOS

COM ESSAS CONSIDERAÇÕES passageiras sobre o purgatório, voltemos ao inferno, ou por outra, à apreciação do problema do inferno.

Aliás é preciso antes de prosseguir dirimir aqui uma dúvida. Sabe o leitor que há dois tipos de inferno? Pois há.

No dizer dos teólogos, após a morte na cruz, o Cristo "desceu aos infernos". Está na declaração básica da fé católica, o chamado *Credo*, ou, como dizíamos em criança, o 'crendos padre'. Pois muito bem:

a alma de Jesus – são palavras do *Catecismo* católico – foi ao encontro das almas dos justos falecidos, que esperavam a sua redenção. Entre elas estavam as almas de Adão e Eva, dos patriarcas, profetas e de são João Batista. Ainda não tinham entrado no céu porque *o céu estará fechado desde o pecado de Adão*. Agora Jesus veio anunciar-lhes a redenção.

O grifo é por minha conta, pois essa história de céu fechado é muito difícil de engolir. Então Deus cria um céu, desde o princípio do mundo para receber os seus eleitos e na primeira falta cometida pela sua primeira criatura enche-se de cólera fecha o sobrolho e o céu? Ainda se deixasse de fora apenas os que fizeram a 'arte', menos ruim, mas deixou todos, inclusive, como dizem os entendidos, as almas dos justos. Sei que isso se explica com a extraordinária virulência contaminadora do pecado de Adão, o chamado pecado original. Mas o que tem são João Batista, por exemplo, com o remotíssimo ingerir de uma inocente maçã pelos seus remotos ascendentes? O que tem com isso, o leitor ou eu?

Mas isto já é outra coisa. Vamos prosseguir com o *Catecismo*. Diz ele o seguinte:

> O lugar onde estavam as almas dos justos falecidos, no *Credo* é chamado "inferno" (isto é, lugar inferior, reino dos mortos). Mas para melhor distingui-lo do inferno, o lugar dos condenados, chamamo-lo geralmente "limbo".

Aí está a ponta da trama. Notem bem que não acrescentei nem tirei coisa alguma do texto. Mesmo aquela preciosa explicação entre parêntesis lá está no original.

Se quiserem, vejam o *Catecismo*, editora Herder, São Paulo, 1958, pág. 65.

17. As origens do inferno

O QUE HÁ então é o seguinte: *infernum*, em latim, não é mais do que um lugar ou região que está abaixo. Voltaire acha que a ideia do castigo *post mortem* surgiu da observação de que muitos crimes escapavam à justiça dos homens. Eram punidos apenas os crimes notórios, quando o eram. Por isso, todos os povos antigos imaginaram castigos póstumos. Assim pensavam os persas, os caldeus, os egípcios e os gregos. Os judeus, não, o que é curioso, pois em muitos pontos, o cristianismo adotou ideias contidas no Velho Testamento. O Pentateuco não fala em inferno.

Os egípcios e os gregos, ao enterrarem os seus mortos (debaixo da terra e, portanto, no *infernum*) acreditavam que a alma ficasse com eles. Já os hindus jamais admitiram essa fábula, porque há muitos e muitos séculos, até milênios, descobriram a chamada doutrina palingenésica, segundo a qual a alma desprende-se do corpo físico pela morte, passa algum tempo no espaço e volta a nascer em outro corpo, em nova existência, sob novas condições.

Ainda segundo o mesmo Voltaire, nas notas do seu *Dictionnaire philosophique*, japoneses, chineses e coreanos também jamais conceberam essa história de inferno.

Quanto aos gregos, com o correr do tempo, fizeram do subterrâneo onde ficavam os defuntos com suas almas, um vasto reino de cujo governo incumbiram Plutão e sua mulher, Prosérpina. Ao monarca e à sua rainha, deram a seguinte equipe de assessoria, para usar um termo moderno: três conselheiros de Estado, três fúrias, três parcas (para cortar o fio da vida dos mortais) e um cão de três cabeças (para guardar a porta do reino).

Aos conselheiros cabia, a um, julgar a Grécia, a outro, a Ásia Menor e ao terceiro, a Europa. Com a descoberta da América, a exploração do continente africano e a expansão mundial, enfim, não sei como resolveram a coisa. Ou os três conselheiros ficaram extremamente sobrecarregados ou quebraram a regra do número cabalístico e puseram todo um exército de conselheiros auxiliares.

E as parcas, coitadas... Já imaginou o leitor quanto fio tem de cortar nesses tempos bicudos em que morre gente como mosca, aos montões? Há de haver gente que nem tenha tido a oportunidade de passar por essa operação e se veja na contingência de ir com fio e tudo para o inferno, o que é deveras lamentável.

18. Introdução da Fábula no Cristianismo

Dos gregos a fábula passou aos romanos e daí para a teologia, que mais tarde se engendrou para o cristianismo. Gregos e romanos – os mais esclarecidos por certo – não levavam muito a sério a história. Já Cícero dizia que "não havia mais uma velha que acreditasse nessas inépcias". A Lucrécio não escapou a desproporção entre a fugacidade da vida humana diante da eternidade das penas.

Havia, entretanto, – e creio que eram a maioria – os que, por via das dúvidas, iam lá fazendo suas oferendas aos deuses, no humaníssimo temor de caírem nas garras dos asseclas de Plutão.

É verdade que Mateus (5:22) coloca na boca de Jesus uma referência ao inferno. "Pois eu digo-vos que todo o que se ir contra seu irmão, será réu no juízo; e o que disser a seu irmão *raca* será réu no conselho; e o que disser, és um tolo, será réu do fogo do inferno."

Isso aí precisa ser analisado com calma. A julgar pelo que está escrito, o inferno deverá estar apinhado de gente. Basta chamar alguém de tolo. A questão é que, segundo Voltaire, o texto grego é: "será condenado ao *gehenei eimon*", ou seja, à geena do fogo. Essa geena ficava no vale do Enom, onde nos velhos tempos queimavam-se as vítimas imoladas ao deus Moloch. Daí inferiu-se o inferno. Ou será que a passagem foi interpolada para justificar o dogma?

A referência direta ao inferno, isto é, à geena, aparece em outros versículos. Lembra Voltaire que vários dos homens chamados Pais da Igreja, seus primeiros teólogos e santos, não acreditavam na existência do inferno, a despeito das reiterações evangélicas. Ou será que essas referências ainda não haviam sido incorporadas ao texto? Sei lá. Entre esses sábios doutores descrentes do inferno está Orígenes. Parecia-lhe muito tola essa fábula de queimar alguém por toda a eternidade apenas por "ter roubado uma cabra".

Acrescenta mestre Arouet que um ministro huguenote também achava a pena desproporcional em relação à falta, mas respondeu-lhe outro sacerdote, seu colega:

– Meu amigo, não creio no inferno mais do que você, mas é bom que nele creiam a sua criada, o seu alfaiate e mesmo o seu procurador.

Já o *Catecismo* nos adverte de que no inferno nem todos sofrem por igual, "porque – diz ele – Deus é justo: quem pecou mais gravemente recebe também um castigo mais terrível".

É ou não é uma complicação tremenda? Às vezes eu penso que nessa história de inferno deu-se o seguinte: alguém trouxe essas fábulas gregas e romanas para o cristianismo, sem pensar muito nas consequências. Afinal, ainda na Idade Média – quase que se pode dizer ontem – não eram muitos os espíritos em condições de examinar criticamente esses dogmas. "A maior

OS PROCURADORES DE DEUS

15. *Essai sur les mœurs et l'esprit des Nations (Ensaio sobre os costumes e o espírito das nações).* (N.E.)

parte dos cristãos – diz o *Essai*[15] de Voltaire – vivia em beatífica ignorância. Talvez não houvesse na Europa dez cavalheiros que dispusessem de uma Bíblia."

Tinham mesmo de confiar os problemas filosóficos aos eruditos e comer pela mão deles, qualquer que fosse o condimento com que os servissem. Acresce que aos mesmos que filosofavam incumbia zelar pelo cumprimento dos dispositivos canônicos e pela aceitação total dos dogmas. Logo, não havia como espernear. Era o "crê ou morre" ou o "crê ainda que absurdo", ou o "crê porque eu creio". Não que fosse isso pregado com crueldade consciente. Não. Os que assim faziam e falavam estavam certíssimos de contribuir decisivamente para a salvação das almas alheias.

São Bernardo, o monge de Clairvaux, resolveu facilmente a dúvida de um dos seus pupilos que vacilava quanto à validade do sacramento da eucaristia:

– Não se preocupe – diz-lhe o santo –, comungue com a *minha* fé.

Pois, muito bem. Depois que o cristianismo, um tanto inadvertidamente, a meu ver, passou a apadrinhar essa lenda amarga do inferno, viram-se os teólogos subsequentes como crianças apanhadas em mentira, que têm de mentir mais para manter a primeira.

Daí vêm com essas saídas, como aquela do céu fechado, como se nós fôssemos para lá em avião a jato. E também essa outra de os cativos do inferno sofrerem diferentes graus de penalidade. Não sei como pode o fogo queimar diferentemente um e outro só porque o pecado de um é maior. Por outro lado, temos de admitir também que – a ser isso – Deus, no exercício da sua justiça, manda tostar a um mais do que outro, como um general que manda fuzilar um e enforcar a outro, conforme a natureza dos crimes cometidos. Francamente! Como é que vamos conciliar tais conceitos e fantasias com a ideia de um Deus boníssimo, perfeitíssimo como de fato é?

19. O JUÍZO FINAL

BEM, MESMO ADMITIDAS todas essas fantásticas histórias, chega então o dia do chamado juízo final, quando, segundo o *Catecismo*:

> Jesus Cristo convocará com o seu poder divino *todos os homens*. Também os mortos ouvirão a sua voz e ressuscitarão. Jesus Cristo diz: "Chega a hora em que todos os que estão nos sepulcros ouvirão a voz do Filho de Deus. E sairão os que fizeram o bem para a ressurreição da vida, os que fizeram o mal para a ressurreição da condenação." (João 5:28 e 29) Os bons ouvirão o chamado do Senhor com indizível alegria, mas os maus com espanto.

Os grifos desta vez *não* são meus. Estão no original, pág. 257 do já citado *Catecismo*.

Vamos pensar um pouquinho sobre esse texto. Todos os homens vão ser arrebanhados para julgamento final, inclusive os mortos que ressuscitarão. Se são *todos*, virão também os que já estavam no céu e no inferno, além dos que estão no purgatório, pois seus corpos, segundo a palavra atribuída a Jesus, estão nos sepulcros. Então se sai do inferno?

Então há uma 'chance' de rever o caso de cada um? Sairão os que estão nas suas sepulturas, mas nada se diz sobre os que não foram sepultados, por terem morrido em alto-mar, devorados pelos bichos, reduzidos a cinzas pelas fogueiras da Inquisição. Lembro aqui um só caso: o de João Huss, o reformista da Boêmia, queimado em Constança, por ordem do Concílio. Até as suas cinzas foram levantadas do chão e atiradas à corrente do rio.

Vamos dar de barato que tudo isso se realize, tal como está escrito. Veremos cada alma, milenarmente morta, ou seja, separada do seu corpo, mesmo depois de remetida ao céu ou ao inferno, sair em busca do seu corpo físico, nele se integrar de novo, reanimando-o para então...

> Na ressurreição – continua o catequista – *os corpos dos mortos* (grifo do original) serão reunidos *para sempre* (grifo meu) com as suas almas. Os corpos dos maus serão horríveis, refletirão a maldade e o desespero destes maus. Mas os corpos dos bons serão belíssimos; pois serão semelhantes ao corpo glorificado de Jesus Cristo. Depois do juízo final – diz o *Catecismo* mais adiante – os bons ingressarão, *com corpo e alma*, na vida eterna; os maus serão precipitados *com corpo e alma* no inferno. O corpo deve participar do prêmio e do castigo, pois também na Terra participou das boas ou más obras.

Ora, então, resolvido o problema da reconstituição do corpo físico, vai a criatura para o céu ou para o inferno, conforme foi a sua vida, não importa quão distante esteja ela no tempo. Vamos também aceitar, por honra do argumento, que os que já estavam no céu, como também os que se encontravam no inferno, tenham sido convocados para, juntos com os ainda na Terra, vivos e os retidos no purgatório, serem todos submetidos a julgamento final.

Então, depois do julgamento, volta para o céu a turma dos

bem-aventurados, engrossada, por certo, dos que se achavam no purgatório e dos que ainda se encontravam metidos em corpos carnais aqui na Terra. Para o inferno despacham-se os demais, com corpo e tudo. Daí depreender-se que se acabou o purgatório, porque os que lá estavam receberam destino definitivo. Como os da Terra foram igualmente separados, bons para o céu e maus para o inferno, acabou-se também a Terra ou se despovoou. Fica assim a humanidade reduzida a duas condições permanentes: céu e inferno. Não se diz qual o destino da Terra, mas provavelmente ficará por aí a rolar vagabundamente, até que se desintegre ao cabo de alguns milênios mais.

Temos aí, no entanto, algumas dificuldades que não sei como resolver à luz da lógica e do bom senso. Vejamos primeiro os que estão no purgatório. Como tem de haver um dia certo para julgamento definitivo de todo o gênero humano, é de presumir-se que muita gente esteja no purgatório ainda sem ter cumprido o tempo predeterminado de permanência lá. Isto nos leva a supor que vão ganhar o céu antes de pagar suas contas com a lei divina, o que é injusto em relação aos que estão lá há séculos para resgatar o simples "roubo de uma cabra". Por outro lado, como as almas são despachadas para o purgatório, aos magotes, aos milhões, muitas voltarão da porta, antes de terem tido tempo de dar uma espiada no cão de três cabeças de Plutão, porque por sorte delas chegaram justamente na hora em que estava sendo convocada toda a espécie humana para o julgamento final.

Esses vão para o céu, com pecados ainda em ser, com promissórias ainda não resgatadas, intimamente gozando os outros que pagaram pelas suas até o último centavo. Que vão para o céu, creio não haver dúvida, porque se tivessem de ir para o inferno não passariam antes pelo purgatório. Nem as suas faltas são daquelas que, segundo a teologia, "dão morte à alma".

Os que se destinam ao inferno voltam para lá com o corpo e

tudo. Se antes queimavam apenas a alma, agora vão ter de se haver com alma e corpo.

20. A HORTICULTURA CELESTE E A INFERNAL

Aí ESTÁ OUTRO problema muito sério. Como é que vamos de corpo e alma para o céu? Mesmo com os corpos reformados, renovados, reparados nas suas mazelas, temos de reconhecer que levaremos também certas necessidades biológicas, como respiração, alimentação, eliminação, reprodução e outras. Ora, o ar lá em cima – dizem que o céu fica acima – é muito rarefeito, possivelmente inexistente de todo. Os cosmonautas levam vestimentas especiais pressurizadas e suprimentos adicionais de oxigênio, mas o pessoal que inventou o dogma da ressurreição não sabia ainda dessas coisas.

E a alimentação? Como é que vai ser? O corpo físico precisa de alimentos sólidos e líquidos. Vale dizer que seremos forçados a levar para o céu as nossas hortas, as criações de galinhas, as árvores frutíferas, o gado leiteiro e, portanto, pastagens, sistemas de transporte, indústrias, bancos, casas de negócio, enfim, a nossa organização terrena. Em suma, teremos de transportar para lá toda a engenhoca chamada civilização, com as suas tensões, facilidades, aflições e molezas.

Já no inferno a coisa me parece mais difícil ainda de resolver, por causa do fogo. Como é que vamos (vamos, é modo de dizer, pois não esperamos, nem eu nem o leitor, ir para lá) plantar batata, jiló, couve, tomate, beterraba por lá? Como é que vamos tirar leite das vacas, mesmo das cabras furtadas? E os ovos, já vão sair cozidos ou fritos? Mas aí não teremos pintinhos para renovar o galinheiro... É um caso muito sério esse!

21. Corpo e alma do demônio

HÁ MAIS, PORÉM. "No juízo final – continua impávido o *Catecismo* – também o *demônio* (grifo do original) será condenado definitivamente. Jesus Cristo o despojará de *todo* poder (grifo meu) e o relegará para sempre ao inferno."

E essa agora? Quem vai então tomar conta do inferno? Olhe que não é trabalho fácil, nem agradável, controlar as assaduras e os cozimentos de toda uma incalculável multidão de gente que se vem acumulando desde a criação do mundo...

Há por aí também dificuldades teológicas ou demonológicas, não sei ao certo. Diz lá o *Catecismo* que o pessoal do inferno vai com corpo e alma. Que o diabo tenha alma não duvido, pois esclarecem os mesmos teólogos que é um anjo decaído. De acordo com esses ilustres cavalheiros, os anjos são "seres puramente espirituais", têm "inteligência e livre vontade, mas *não têm corpo*". (*Catecismo*, pág. 39)

Como se resolve a questão? O demônio e seus asseclas, ou seja, os demais anjos decaídos vão receber um corpo material como os homens condenados ou vão para o inferno apenas em espírito? Não me devolvam a pergunta que não saberia decidir o dilema. Só me preocupa o problema da administração do inferno, depois de despojado o demônio dos seus poderes. Ou aquilo fica à matroca, o que não parece lógico, porque aí não permaneceria ninguém lá dentro, ou então alguns dos justos, escolhidos para o céu, teriam de se incumbir do trabalho de tomar conta dos irmãos condenados.

Mas isso também é absurdo. Primeiro que ninguém vai querer deixar o céu para dirigir os domínios superquentes do inferno. Quando nada, por simples comodidade. Ademais, as almas destinadas ao céu são bem formadas, puras, sem maldade, nem pecados. Não se conformariam com o duro trabalho de assistirem impassíveis ao sofrimento eterno de amigos, parentes, nem mesmo o de desconhecidos.

Aí está outra dificuldade, a qual não se sabe como descartar. Mas ainda tenho outras dúvidas que desejo partilhar com o leitor, a ver se da nossa conversa surge alguma luzinha, ainda que tímida.

22. DA ARTE DE PECAR

DIZEM OS ENTENDIDOS no assunto que o inferno se conquista ou se merece, não sei qual o termo exato, depois de cometido um pecado mortal. O primeiro pecado – o chamado pecado original – foi o de Adão e Eva, que deu naquela tragédia toda que já conhecemos.

Sempre achei que esse pecado – o primeiro e o maior que já se cometeu no mundo, porque contaminou toda a espécie humana subsequente – fosse mortal. A não ser, por que tamanha indignação de Deus? Pois não foi. Como acabamos de ver, Adão e Eva estavam tranquilamente no limbo, esperando o resgate e, ao que se presume, foram enviados ao céu, onde aguardam beatificamente o juízo final, segundo palavras textuais de eminentes teólogos.

Não quero, porém, entrar na análise desse ponto. Os teólogos disseram isso é porque sabem. O meu problema é outro.

Pecam mortalmente e, portanto, se credenciam ao inferno aqueles que ofendem gravemente a Deus. "Só se comete um pecado mortal quando se peca em *matéria grave*" (grifo no original). Há, não obstante, condições canônicas para que o pecado seja considerado mortal. Primeiro – diz o *Catecismo* – que "se *conheça claramente*, ou gravemente se suspeite que se trata de uma coisa grave". Segundo, que "*se consinta plenamente*" (grifos do original). Em resumo: só comete pecado mortal "quem peca voluntariamente, isto é, com pleno conhecimento e vontade, em matéria grave". (*Catecismo*, pág. 163)

Muito bem. Antes de inventarem essa doutrina do pecado houve muita gente que pecou em matéria grave com pleno consentimento. Estão no inferno? Não, diriam os teólogos, porque lhes faltava o conhecimento, ou, por outro, não sabiam que era pecado. Não acha o leitor que tem algo soando falso por aí?

Alexandre, o Grande, ao trespassar seu amigo Clito com a lança, num transporte de cólera, não cometeu pecado mortal, porque, ainda que errando em matéria grave e com pleno consentimento seu, não tinha conhecimento. Vivendo antes do cristianismo não estava, para ele, definido o pecado mortal. Deve estar, portanto, no céu, depois de ter passado pelo limbo, segundo se depreende.

Se está certa a suposição, então há aí uma flagrante injustiça com relação àqueles que, vivendo depois da definição do pecado, cometeram faltas idênticas e lá foram para o inferno.

Poderão dizer também que ele tinha conhecimento pleno de que aquilo era pecado, ou pelo menos falta grave, pois não se deve matar ninguém, muito menos um amigo que nos diz na bochecha algumas verdades que a gente precisava mesmo ouvir. Aí a coisa fica meio obscura, no meu entender. Alexandre

Os procuradores de Deus

poderia achar, primeiro, que sendo Deus – pois ele acreditava sinceramente nessa lenda – estava acima das leis humanas e portanto, podia matar livremente. Segunda hipótese: poderia crer que tendo Clito ofendido seriamente o seu prestígio real, o crime era apenas uma forma de reparação, um castigo a Clito e não uma falta. Logo, o conhecimento aí fica prejudicado, pois justifica a ação sem levar em conta o fator conhecimento.

Essas dúvidas me são confirmadas pelo *Catecismo* que diz: "Quando fazemos algo sem saber que é pecado, ou sem querer, não cometemos nenhum pecado." Então parece legítimo concluir que Alexandre cometeu apenas um pecado venial, por faltar ao seu ato uma das três condições essenciais à sua classificação entre os pecados mortais.

Ainda bem, porque seria arriscado, até para o demônio, colocar Alexandre no inferno. Ele acabaria por organizar lá um exército de primeiríssima e liderar, com seguras possibilidades de êxito, uma revolta contra os anjos revoltados.

23. A GRADAÇÃO DA FELICIDADE

A QUESTÃO É que este samburá teológico parece não ter fundo. A gente começa a remexer e vai retirando dele novas dúvidas e novos problemas a resolver. Por exemplo, quem morre na graça de Deus, sem pecado, "*depois da morte vai imediatamente para o céu*" (grifo no original). "No céu – prossegue o *Catecismo* – os bem-aventurados contemplam face a face o Deus uno e trino na sua glória e estão unidos a ele num amor eterno."

Não vou entrar na discussão da trindade, por enquanto. Prossigamos, porém. "Estão (os bem-aventurados) *livres de todo o mal e completamente felizes* (grifo meu). No céu também encontram novamente todos os parentes e amigos que dormiram no Senhor."

Espere aí. Não sei dos sentimentos do leitor. Devem ser tão bons ou melhores ainda que os meus. Quanto a mim, jamais poderia sentir-me "livre de todo o mal e completamente feliz", se um só dos meus parentes não tivesse, na poética linguagem do autor, "dormido no Senhor", ou seja, se tivesse sido despachado para o inferno. Como é que poderíamos gozar essa felicidade perfeita, com o pai, a mãe ou um filho, ou mesmo a sogra, no inferno? Ora essa...

Além disso, diz lá o catequista, baseado por certo nos mais eruditos teólogos, que as "alegrias do céu *não são igualmente intensas* para todos os bem-aventurados". Em apoio da tese, cita são Paulo, que na Epístola aos Coríntios, a primeira, declarou que "cada qual receberá a própria paga segundo o próprio trabalho".

De minha parte, acho que a observação do Apóstolo dos Gentios não se aplica, como dizem os advogados, à espécie. É claro que temos a paga de acordo com o que fizemos. Se agirmos bem, seremos premiados em nossos esforços e, se não agirmos bem, teremos de arcar com as consequências dos nossos erros. Até mesmo a imperfeita sociedade humana está escorada nesse princípio. Mas daí a dizer que entre os próprios escolhidos haverá prediletos me parece injusto. Para mim, ou o sujeito merece o céu ou não o merece. Ou o céu é realmente um reino de perfeições e gozos ou então é uma organização puramente humana, onde há gente mais chegada a Deus ou não tão chegada. Essas predileções me parecem irreconciliáveis com a ideia de Deus, a não ser que se desse novamente a todos a oportunidade de recomporem suas vidas e merecerem de fato o mais alto grau de predileção, mas aí teríamos uma competição terrível no paraíso.

Os procuradores de Deus

Não, a ideia não serve e não tenho outra para oferecer ao leitor.

De qualquer modo, se me parece difícil ao fogo queimar a uns mais do que a outros no inferno, ainda mais sem a supervisão do demônio, me parece também insolúvel essa questão de criar privilégios celestiais.

Sei que não devemos e não podemos tirar pelas nossas as faculdades divinas, mas acho que o verdadeiro pai é aquele que não distingue no seu amor e na sua atenção qualquer dos seus filhos, seja qual for a maneira de agirem com relação a ele. Se eu der preferência a um filho porque, ao chegar em casa, costuma trazer o meu chinelo, enquanto o outro nunca se lembra disso, estou sendo sensível à lisonja. Pode muito bem dar-se o caso de aquele filho ser justamente o mais peralta, o menos estudioso, o que mais preocupações me causa, ao passo que o outro, que não sabe demonstrar o seu afeto com essas pequeninas coisas, fica em segundo plano.

Vou além: pode ser até que o garoto do chinelo seja fingido, faça aquilo de ladino que é para conquistar as boas graças do velho...

Bem, eu já reconheci que a comparação não serve. Fica aí só para não dizer que não tentei resolver o problema de uma hierarquia na preferência do Senhor.

 ## 24. A FÉ JUSTIFICA?

Assim ficamos sem ter realmente como concordar com a teologia cristã clássica. Digo cristã porque não vejo como distinguir aqui a católica da protestante. Lutero e seus continuadores fizeram uma reforma, sem dúvida, mas não tão profunda como seria de esperar-se à vista do ímpeto inicial. Em alguns pontos foram, ao contrário, mais radicais do que os católicos. Um deles é o problema do destino da alma. Recusando a existência do purgatório e admitindo apenas a do céu e a do inferno, sem outra alternativa, criaram dificuldades ainda mais insolúveis. E sem resolver as já existentes.

Outro escolho sério na doutrina protestante é a famosa justificação pela fé. Com base numa observação de Paulo aos Romanos, armaram toda uma filosofia escatológica segundo a qual as ações do indivíduo são secundárias no balanço da sua vida. Ele se salva pela fé ou se perde pela ausência dela.

Ao seu dileto amigo Melanchthon, sempre cheio de escrúpulos de consciência, dizia Lutero:

– Não se preocupe, homem. Peque à vontade e fortemente. Deus só perdoa os grandes pecadores.

Para ele o sofrimento de Jesus na cruz era tão enorme que daria para cobrir os pecados de todo o mundo para todo o sempre.

Algumas dessas coisas, entretanto, precisam ser examinadas de perto. Já vimos o que é pecado. Paulo, no seu pessimismo teológico, achava que através de Adão entrou o pecado no mundo e, por isso, por obra e graça desse misterioso e inexplicável contágio verdadeiramente psico-hereditário, todos os homens são irremediavelmente corrompidos. Não concedia ao pobre ser humano sequer o benefício da dualidade imaginada pelos antigos persas de que toda a Natureza – aí incluído o gênero humano – era a resultante de dois sistemas de forças: as do bem e as do mal. Para o apóstolo, o homem era mesmo pecador e, portanto, inclinado ao mal. Sem o sangue do Cristo não haveria como resgatá-lo desse báratro de iniquidades.

No meu entender, porém, não é o sangue do Cristo que nos resgata – é o roteiro que ele deixou na memória dos homens de uma ética realmente superior e intemporal. Qualquer que seja a nossa filiação religiosa ou até mesmo a nossa descrença, total ou parcial, a pregação do Cristo é perfeitamente válida, em qualquer tempo ou circunstância.

Por outro lado, o seu sacrifício na imolação da cruz é um exemplo dramático de como se pode morrer dignamente por uma ideia, mas esse sacrifício, por imenso que fosse, não salva a ninguém que não pratique a sua moral.

25. A SALVAÇÃO E A FÉ

E O QUE é salvar-se? De acordo com a teologia clássica, salva-se aquele que leva uma vida pura e conforme os preceitos canônicos: observância dos rituais apropriados, prática dos sacramentos exigidos e tudo o mais. Esse então vai para o céu.

Também vai para lá aquele que embora tenha levado uma existência condenável, à base dos mesmos preceitos canônicos, arrepende-se sinceramente na última hora, confessa-se, comunga e morre, como se diz, na santa paz do Senhor.

Esta conceituação é que levava os antigos a adiarem o quanto podiam o seu próprio batismo. Enquanto pagãos, poderiam praticar tranquilamente suas patifarias que depois o batismo lavava tudo. Pois não lava até do chamado pecado original? Exemplo histórico dessa atitude é o de Constantino, o consolidador do que poderíamos chamar de as bases políticas do cristianismo.

Voltemos, porém, à questão da fé. Que é fé? O leitor católico ou protestante pode achar que Voltaire não é boa companhia nestas paragens. De minha parte, tenho o sábio de Ferney na conta de um injustiçado. O que ele desejava era uma crença que a razão pudesse aceitar sem violências. Essa atitude nunca é tão clara como no seu verbete sobre a fé, no seu *Dictionnaire philosophique*.[16] Lá diz ele que admitir o que a razão aceita não é ter fé; ter fé é crer, sem protesto, no que o raciocínio recusa, por incongruente.

Não há uma pessoa de bom senso e mediana inteligência que se sinta impelida a discordar disso.

Com essas preliminares bem assentadas, retornemos ao problema da justificação pela fé. De acordo com a doutrina luterana, ia para o céu aquele que tinha fé. Em quê? No Cristo, através da sua palavra, tal como registrada no Evangelho. É claro que o protestantismo também buscou apoiar-se pesadamente na teologia de Paulo que, no dizer de Renan, foi o primeiro protestante. Paulo insiste muito na questão da fé como meio seguro de salvação da alma. A palavra desse apóstolo, porém, já é comentário e elaboração sobre a doutrina do Cristo. Paulo não é apenas o primeiro cristão – ou o primeiro protestante, como quer Renan – senão que também o primeiro teólogo do cristianismo. Embora se conservando judeu em muitos pontos essenciais, foi o primeiro a sentir a universalidade dos ensinamentos do homem cuja visão ofuscante teve a caminho de Damasco.

16. O *Dicionário filosófico* era um projeto de vida para Voltaire. Ele representa o culminar de suas opiniões sobre cristianismo, Deus, moralidade e outros assuntos. (N.E.)

26. A FÉ E AS OBRAS

Acho, porém, que o luteranismo exagerou a força da fé, quando a desligou do seu corolário natural que é a prática da caridade. Há nisso um risco muito grande. Não se pode levantar uma frase de qualquer autor e fazê-la falar sozinha. É o que tem feito aqueles que desejam que os autores concordem com eles, qualquer que seja o ponto de vista. Não digo que tenham feito isso deliberadamente os reformistas, que foram homens de irrepreensível sinceridade. Uma obra, porém, tem de ser tomada no seu contexto, como um bloco, para que se formule uma ideia razoável do pensamento do autor.

Penso, por exemplo, que corremos o risco sério de deformar o pensamento de Paulo, se tomarmos o seu conceito da fé como justificadora, independentemente do seu maravilhoso ensaio sobre a caridade, na Primeira Epístola aos Coríntios.

Nesse notável documento diz ele que de nada serve a fé que remove montanhas sem a caridade. E o que é a caridade? Não são as boas obras em favor do semelhante? Parece-me, pois, ilegítimo concluir à vista da Epístola aos Romanos que só a fé justifica e, mais, que justifica tudo e sem a necessidade de obras de caridade.

Além disso, como será possível alcançar a coexistência da fé com a salvação egoísta? Ou da fé com a ausência total de ajuda ao próximo? O próprio Cristo achava que bastava amar a Deus e ao próximo que o resto viria por acréscimo. Como conciliar a existência da fé com a indiferença e, portanto, a complacência diante do pecado?

Perigosa doutrina essa a de pecar sem receio, que o sangue do Cristo lava tudo. Está certo que se valorize e se reconheça a importância da imolação do Cristo, mas podemos razoavelmente admitir que ele próprio não concordaria com a tese de que o seu sangue constituísse inesgotável tesouro justificador, sobre o qual qualquer um de nós, em todos os tempos, possa emitir livremente saques vultosos para cobrir faltas de toda natureza.

Como pode o homem habituado ao pecado conservar a sua fé? E como pode a fé resistir às investidas da razão quando vêm à tona problemas como o do inferno, da trindade, do céu, do pecado original? Ainda se fossem meros símbolos, vá lá. Mas o que querem de nós diante desses dogmas é aceitação plena, sem reservas, sem ponderações, sem recurso a nenhuma atenuante ou alternativa. A fé canônica não admite trincas, nem lascas, nem arranhões. Tem de ser total, íntegra, cega. Não posso dizer que tenho minha fé impecável, se me recuso a crer na ascensão de Jesus aos céus, em corpo e alma. Não posso sequer especular sobre a maneira pela qual ele iria respirar e alimentar-se naquelas alturas, onde não existe ar nem alimentos. E o problema da gravidade? O do desgaste natural das células, a decrepitude? Nada. Tenho de aceitar a ascensão e ponto.

27. A TEOFAGIA

SE DESEJO ME manter fiel à fé católica, tenho de aceitar sem reservas a consagração da hóstia que se transforma realmente em corpo e sangue de Jesus. Não posso raciocinar que a hóstia é um punhado de farinha moldada com um pouco d'água. Não. Ali está o corpo do Senhor – seus ossos, seus cabelos, seus músculos, sua carne, como também o seu sangue está no cálice que sei conter apenas vinho. Não é simbolismo, não. É isso mesmo, literalmente.

Não importa que os racionalistas me venham lembrar que essa teofagia remonta à mais recuada época. É uma repercussão de antiquíssimas cerimônias pagãs, segundo as quais o crente comia realmente um pedaço do seu deus, a fim de incorporar qualidades divinas. A questão é que a coisa tinha sua lógica, se assim posso exprimir-me. Divinizava-se um cabrito, um boi ou um carneiro, tratava-se dele com todo o ritual prescrito, até que, cumpridas todas as formalidades canônicas, estivesse o pobre animal em condições de ser devorado com o máximo respeito e recolhimento. Está na história das religiões. Vejam o *Orfeu*, de Salomon Reinach ou o *The golden bough*[17] de *Sir* James Frazer ou mesmo as melhores obras de história geral.

17. *O ramo dourado*. (N.E.)

Por essas e outras é que a atitude do sacerdote em face da consagração às vezes descamba para extremos lamentáveis: ou duvida dos seus próprios poderes para operar o milagre de transformar trigo e vinho em corpo e sangue de um Deus, ou se julga maior que Deus por acreditar que basta recitar umas tantas fórmulas e fazer alguns gestos especiais para que o próprio Deus se incorpore docilmente àquelas substâncias sobre o altar.

28. O PÃO E O VINHO

POR TUDO ISSO, acho que, sob certos aspectos, a Reforma Protestante não foi suficientemente reformista. O caso da eucaristia é um desses. Queriam o pão e o vinho distribuídos de fato a todos os fiéis. Não concordavam com a modificação introduzida na Idade Média, segundo a qual o sacerdote passou a tomar o vinho em nome dos demais fiéis. A razão é que – segundo se diz – houve incidentes sérios quando, ao distribuir a comunhão, derramou-se o vinho, isto é, o sangue de Deus.

Também mudaram os luteranos a questão da consubstanciação. Jesus estava no pão, dizia Lutero, como o calor no ferro em brasa, mas não participava da natureza do pão como tal.

O problema ainda mais se complicaria entre os próprios protestantes. Dizia Voltaire que enquanto os chamados "papistas (católicos) comiam Deus sem pão, os luteranos comiam a Deus e ao pão. Logo viriam os calvinistas que comiam o pão e não comiam a Deus".

Acontece que a coisa não é comer ou deixar de comer pão. É como decifrar o enigma da morte de maneira racional, arrancar-lhe os véus de mistério que a envolvem e fazer da vida terrena uma preparação para a que se lhe segue.

29. Duas categorias de leitores

Bem sei ser necessário aqui tratar com duas grandes categorias de leitores: os que estão convencidos da sobrevivência e os que não a admitem nem como hipótese de trabalho. Sei também que há entre essas duas posições extremadas toda uma gama a ser estudada, mas creio, não ser esta a oportunidade de repetir argumentos em favor desta ou daquela tese e tentar derrubar os preceitos deste ou daquele ponto de vista. Como não vamos também aqui cuidar dos indiferentes, porque estes nem mesmo abrirão o livro, ainda que por mera curiosidade.

Aqueles que estão certos da sua sobrevivência espiritual à morte física condicionam-se evidentemente à sua forma particular de crença. O católico, no seu paraíso ou no inferno, com eventuais estadas pelo purgatório. O protestante, sem a possibilidade do estágio purgatorial, também aguarda seu destino definitivo. O muçulmano, o budista, o israelita, o adepto da ciência cristã, têm todos a sua maneira específica de encarar o problema da sobrevivência, mas não a põem em dúvida.

Por estranho que pareça, inclui-se nesta categoria aquele que, sem estar ligado a nenhum culto religioso, admite a ideia da continuidade da vida após a desagregação do mecanismo físico.

A cada um desses teria que ser endereçada mensagem especial, encarando particularidades da sua crença ou descrença.

Procuro, entretanto, examinar mais de perto o ponto de vista católico e protestante. Não apenas porque esses grupos constituem maioria nesta banda do mundo em que vivemos, senão também que são os mais presos a uma espécie de auto-hipnose escatológica das mais lamentáveis consequências para o espírito.

O católico e o protestante, cumpridores de suas obrigações religiosas, sofrem tremendas decepções ao morrer porque não encontram *do lado de lá* as instituições e a acolhida que lhes foram anunciadas. Como é que sabemos disso? É fácil, amigo leitor. Basta ouvir os que já se foram para lá e que se encontram, mediante determinadas condições, à nossa disposição com o seu depoimento.

30. Teologia: fim ou meio?

O CRISTIANISMO é um grande, imenso depositório de sabedoria nas suas fontes originais. À medida, porém, que os teólogos foram tecendo o casulo das suas especulações em torno dele, aconteceu o inevitável: perdeu-se de vista a beleza originária da ideia e a teologia passou a ser como um fim em si mesma. Isso, aliás, não é de admirar-se, porque é da essência da natureza humana perder-se pelos caminhos que percorre, se faltar aquela dose de vigilância tão recomendada pelo Cristo.

Veja-se, por exemplo, o homem que se atira à luta pela vida, à chamada conquista do pão. Se ele tem, em grau suficiente, aquilo que os americanos chamam de *drive*, ou seja, certo ímpeto concentrado, depois de amealhados os primeiros milhões, não para mais. Passa a tomar o meio pela finalidade mesma, transforma-se num mecanismo autopropulsor de produzir dinheiro. Ganhar dinheiro e engolir concorrentes é então um objetivo em si mesmo, um jogo fascinante. Tão absorvida fica a pobre criatura rica no empenho de acumular riquezas, que perde totalmente a oportunidade de gozá-las. Férias? Impossível! Tem de estar atenta a cada movimento do negócio. Vagares para ilustrar o espírito são coisas de quem não tem o que fazer. O cultivo da amizade fica praticamente subordinado ao interesse econômico. A ajuda ao próximo, apenas um artifício para reduzir o imposto sobre a renda.

Guardadas as devidas proporções, em razão da natureza mesma dos assuntos, o teólogo especula novas razões pelo prazer mesmo de excogitá-las. Na polêmica teológica o que interessa não é clarificar o tema sob discussão, nem é buscar a verdade, seja qual for – é esborrachar o oponente com argumentos irrespondíveis, com hábeis silogismos, com artificiosas sutilezas e filigranas que vão cada vez cobrindo mais o tema central de obscuridades. Nesse grande alarido em torno das singelas doutrinas do Cristo, ninguém mais se entende nem se preocupa em se fazer entender. O teólogo sabe que não está escrevendo para o povo, para você e para mim – ele se dirige aos seus colegas do mesmo ofício, tanto faz sejam da sua área religiosa como de outra qualquer. Por mais que se oponham, no furor da argumentação, eles se entendem perfeitamente no seu jargão metafísico, pejado de eruditas citações em eruditíssimas línguas mortas e vivas.

Ao tempo da Reforma os debates eram frequentemente orais, como o célebre encontro entre Lutero e Eck. E em latim, que era a língua dos sábios. Quem não a entendesse não era digno sequer de acompanhar os debates. Afinal de contas, não era mesmo necessário que a massa ignara participasse das discussões filosóficas, ainda que estivesse em condições de fazê-lo. Quem decidia as questões fundamentais da vida e da morte eram os mesmos teólogos eruditos. Se havia ou não purgatório; se a indulgência podia ou não podia ser comprada a tanto por dia como a permanência numa hospedaria; se Jesus era Deus ou homem, ou ainda Deus e homem; se a fé justifica sem obras ou com obras; se o Cristo estava ou não presente no pão consagrado; se o sacerdote deveria ou não se casar.

E não pense o leitor que esses problemas eram todos recentes. Alguns vinham de séculos e séculos, sendo muitos deles debatidos até hoje entre diferentes facções do que se convencionou chamar cristianismo. Com uma frequência aterradora, os próprios cristãos perseguiram tenazmente os que não concordavam em gênero, número e grau com todos os postulados doutrinários.

31. Os caminhos da intolerância

RAFAEL SABATINI, no seu estudo *Torquemada e a Inquisição espanhola*, em tradução francesa da Payot, chama a atenção para esse aspecto – o de que a intolerância dos cristãos não era mais que um reflexo retardado da que eles haviam experimentado em sua própria carne, nos primeiros três séculos da sua igreja.

> A partir do ponto em que a nova religião se viu reconhecida e escorada, não apenas em direitos civis, mas ainda num poder efetivo – diz Sabatini – do momento em que os cristãos puderam levantar a cabeça e circular sem se esconderem e sem nada temerem, vemo-los entregarem-se a perseguições contra os fiéis de outros cultos, isto é, contra judeus, pagãos e heréticos.

Foi Constantino um dos primeiros a colocar sua espada a serviço da ideia religiosa, já um tanto desvirtuada de suas origens. Tanto Voltaire como Sabatini mencionam o cronista Paramo, para o qual o primeiro inquisidor fora o próprio Deus, ao expulsar Adão e Eva do paraíso. Não apenas os pôs para fora naquele auto de fé, como também lhes confiscou os bens imóveis na pitoresca linguagem de Voltaire. Não conheço, senão por via indireta, o livro de Paramo. Sei, entretanto, que é massudo e se chama eruditamente *De origine et progressu officii Sanctae Inquisitionis*.[18]

Para Sabatini, foi o próprio Santo Agostinho, com o poder da sua prodigiosa inteligência, que "estabeleceu os princípios diretores da perseguição, até hoje citados, milênio e meio depois que os escreveu".

É inegável que há justificativas filosóficas para qualquer barbaridade que se cometa em nome de uma ideia. Hitler também tinha bem à mão os seus filósofos da pureza racial.

Poder-se-á dizer que Agostinho não mandou queimar ninguém por discordar dos dogmas que ele próprio ajudou a estabelecer. A questão é que certas doutrinas se tornam perigosas quando postas em prática depois de interpretadas à maneira daqueles que nelas têm interesses inconfessáveis.

O caso da intolerância religiosa, por exemplo, se funda em argumentos aparentemente muito nobres e perfeitamente válidos. O problema é preservar a fé, o custo não importa. Para isso é necessário manter absoluta homogeneidade nas ideias que se transmitem aos fiéis. E, como fora da prática dessas doutrinas não se admite salvação, é preciso eliminar do meio religioso todo e qualquer transviado, para que não contamine os demais. A má ovelha – diz o ditado – põe o rebanho a perder. Não há alternativa senão sacrificar a ovelha rebelde. A morte sempre pareceu o meio mais seguro e completo de fazê-lo. A simples exclusão dos sacramentos e da convivência religiosa é muito

18. *Sobre a origem e o desenvolvimento do escritório da Santa Inquisição*, a primeira história abrangente da Inquisição. O livro foi colocado no índice de livros proibidos, apesar de ter sido impresso com a aprovação da Igreja e teólogos por licença real. (N.E.)

precária, porque o herético seguiria destilando toxinas prejudiciais à salvação alheia.

Aqui se coloca uma questão importante, ainda que meramente especulativa. Houve sempre sinceridade na execução de uma política de depuração? Será que essa prática não se deixou com frequência envolver-se por interesses puramente temporais?

Os indícios são veementes da ocorrência mais ou menos frequente da segunda hipótese. Às vezes era tudo uma simples manifestação individual, cobiça de bens materiais de propriedade do pretenso herético ou mera satisfação de vinganças. De outras, em religiosos mais dedicados à sua igreja, seria a exaltação de um zelo bem intencionado em favor do que lhes parecia a única forma de salvação. Nem por isso era menos lamentável.

Em suma, a Igreja elaborou um código doutrinário rigidamente estratificado, diante do qual não havia alternativa que não a aceitação pura e simples. Nada de discussões, dúvidas ou heresias. Essa mentalidade propagou-se a todos os membros da Igreja e, como diz Sabatini, o *slogan* era este:

"Seja meu irmão ou o mato!"

Não se tratava de convencer ninguém à força de uma lógica irrecusável em si mesma e aceitável à razão. Era aceitar ou recusar o edifício teológico em bloco. A recusa em muitos casos acarretou os mais tremendos sacrifícios ao rebelde e frequentemente à sua própria vida terrena.

Hoje estamos procurando fórmulas práticas para recuperar os criminosos em lugar de matá-los. No passado da história religiosa, criminoso e herético eram sinônimos e o tratamento idêntico: castigo máximo.

O problema, entretanto, é que como o espírito sobrevive à morte a privação do corpo não lhe resolvia nem resolverá jamais as suas aflições e perplexidades, senão as agrava consideravelmente.

32. A Inquisição Protestante

É PRECISO AINDA lembrar que se fala muito da Inquisição que adejou à sombra do catolicismo, mas o erro repetiu-se com o protestantismo. Sua gênese é a mesma, como idênticas suas finalidades e consequências.

Enquanto a nova doutrina amadurecia na mente dos reformistas, sem ter ainda sensibilizado o homem da rua e principalmente os poderosos, a tolerância era obrigatória. Logo que o movimento adquiriu maior impulso e passou a contar com o apoio quase sempre servil do braço secular, também o protestantismo, pelos seus melhores homens, perseguiu e oprimiu. O próprio Philipp Melanchthon, o suave e erudito teólogo da Reforma, não se recusou a presidir grupos inquisitoriais protestantes.

A verdadeira ditadura religiosa implantada por Calvino é dessa intolerância um dos exemplos mais dramáticos. Não faltou nem mesmo a crueldade da fogueira, na qual ardeu vivinho Miguel Servet, sob aplausos universais dos protestantes, inclusive de Melanchthon que, sem pertencer à corrente calvinista, sentiu-se na obrigação de levar sua solidariedade a Calvino pela bárbara execução.

Mas, como dizia são Bernardo, "se fugimos à perseguição, a culpa não é de quem foge e sim de quem persegue".

Não podemos nos demorar muito nestes aspectos, mas ao leitor interessado não faltarão obras esclarecedoras. Algumas delas cito aqui mesmo neste livro. Outras aí estão pelas bibliotecas públicas e particulares.[19] Muitas são hoje raras, como o estudo de Henry Charles Lea sobre a Inquisição. Estas só aparecem envergonhadamente num ou outro sebo, quando lhes morre o dono. É que o relato dessas atrocidades jamais interessou às instituições que as praticaram, por motivos mais do que óbvios.

19. Tais obras se encontram hoje disponíveis na internet. (N.E.)

33. A INSTITUCIONALIZAÇÃO DAS IDEIAS

*Tudo começa no misticismo e
termina em política.*
CHARLES PÉGUY

NÃO SE TRATA aqui de remexer velhas cicatrizes mal curadas, a despeito de que mesmo nos tempos modernos ainda há muita alma inquisitorial sob as mais conspícuas vestimentas clericais e leigas.

Desejo deixar bem claro que não transfiro à instituição em si – católica ou protestante – essas deformações filosóficas levadas ao extremo da prática mais abominável. Cabe aos homens que as dirigiram essa culpa.

O que acontece com frequência é que tais instituições nascem puras e simples, vitalizadas pelo poder das ideias que as sustentam. Com o decorrer do tempo, monta-se à volta delas um mecanismo de poder temporal. Até certo ponto, esse mecanismo é necessário. Uma ideia – especialmente quando surge cercada de uma auréola renovadora – deverá ser propagada. Ao menos que se ofereça ao maior número possível de pessoas a oportunidade de conhecê-la. Acresce que a própria instituição vai assumindo encargos e obrigações e para isso precisa organizar-se, defender-se, distribuir funções administrativas, manter aceso, enfim, o fogo sagrado do culto. A questão é que esse núcleo necessário de organização temporal, como tantas criações humanas, passa também a ser um objetivo em si mesmo. Então, luta-se pelo poder e se embriaga dele cada vez mais. A ele se subordinam até interesses espirituais, ponto de partida e razão de ser da própria instituição, afinal de contas.

Assim, lentamente se vai perdendo de vista o objetivo principal, em favor do que fora um simples instrumento para alcançar aquele objetivo.

A Igreja não escapou a essa mazela. A parcela de poder temporal que obteve pela primeira vez ao tempo de Constantino não deixou de crescer. Como a bola de neve, só aumenta à medida que se despenha morro abaixo, para espatifar-se lá na escuridão do vale...

Tal como as ações humanas, essa busca inconsiderada do poder traz nela própria o germe da autocorreção, como um servomecanismo, inteiramente automático. É da lei universal e não há como escapar de seus postulados.

34. O EXEMPLO DOS JUDEUS

EXEMPLO TÍPICO ENCONTRA-SE na história dos judeus na Espanha. Houve tempo em que conquistaram e consolidaram privilégios legítimos. O papa Honório III lhes garantiu a prática das suas cerimônias e prescreveu que nenhum judeu poderia ser forçado ao batismo cristão. Os que procurassem, entretanto, o catolicismo de modo próprio que fossem bem recebidos. Aos cristãos era vedado perseguir e apedrejar judeus.

A outorga dessas garantias realmente desanuviou o ambiente de tensão que sempre se criara entre judeus e católicos. Volvido o tempo, entretanto, os israelitas conquistaram proeminentes posições nos negócios, nas artes, nas ciências e até na administração pública. O rei Afonso VIII – diz Sabatini – nomeou um ministro das finanças judeu e teve até uma judia por amante. Mas foi principalmente a riqueza, isto é, o poder que ela proporciona que acabou por perder os judeus.

Não mais contentes com o serem opulentos, passaram a exibir acintosamente a sua opulência, esfregando-a, por assim dizer, na face dos católicos empobrecidos. Tornaram-se arrogantes e intratáveis, desprezando a comunidade cristã em massa, como uma sub-raça incompetente e desfibrada. Não demorou muito a surgir na história a sinistra figura de frei Hernando Martinez, que fez objetivo da sua vida a mais violenta pregação antissemita.

Movida por sua palavra sanguinária, que nem papa nem rei puderam calar, multidões enfurecidas mataram judeus, depredaram suas propriedades e pilharam seus bens.

Sob pressão desses acontecimentos lamentáveis, milhares de judeus acorreram à igreja, mais interessados em salvarem a pele e os bens do que as almas. Era assim que surgiam os conversos, cristãos novos, mas o gesto impensado de uma filiação espúria a um credo que eles próprios não respeitavam foi mais uma tragédia a juntar-se às muitas que, volta e meia, desabavam sobre eles.

É que o batismo tornava-os cristãos e, se como judeus estavam a salvo das garras dos inquisidores, pelo menos em teoria, como cristãos subordinavam-se aos seus caprichos e arbitrariedades.

Além do mais, o batismo não lhes infundia, de sopetão, toda uma teologia que no íntimo desprezavam para superar a que lhes estava estratificada no espírito pela tradição milenar. Muitos praticavam o cristianismo – leia-se catolicismo – às escâncaras e o judaísmo à socapa. Esses eram réus do crime imperdoável de judaização, principalmente porque se acercavam dos sacramentos mais sérios sem as condições canônicas essenciais à sua validade, com o que cometiam, no mínimo, crime de sacrilégio.

35. A SALVAÇÃO EXCLUSIVA

MAS POR QUE essa história acerca dos judeus? – perguntaria o leitor. É apenas para ilustrar um ponto de suma importância, amigo: religião não se impõe a ninguém. A ela vamos por nossos próprios recursos. Não arredamos passo de onde estamos se nos querem tirar à força. Os motivos podem ser dos mais piedosos e bem intencionados, mas não podemos 'salvar' aqueles que não desejam ser salvos.

O mais doloroso é que o regime inquisitorial, como lembra Sabatini, "não era hipócrita em si mesmo. Era sincero, tragicamente sincero, da sinceridade mais desesperadora: a do fanatismo que destrói todo o senso de proporção e deforma a visão intelectual".

O verdadeiro cerne da questão, entretanto, era o funesto dogma da salvação exclusiva. Já a ideia da salvação se colocava sobre bases filosoficamente insustentáveis como vimos. O céu teológico é uma fantasia das mais prejudiciais ao espírito humano. O crente que morre em estado de graça e se julga com direito inalienável à sua vaga no céu experimenta as mais amargas decepções e revoltas, pois, infelizmente, para ele as coisas não se passam como lhe disseram e lhe asseguraram. A distância entre o homem e Deus não se vence numa simples arrancada, ao cabo de uma única existência, ainda mais quando essa vida teve apenas um arrependimento de última hora, depois de longo período de erros.

É muito cômodo pecar à vontade e depois, no apagar das luzes, fazer uma boa confissão, comungar piedosamente e partir direto para Deus. A verdade, porém, é outra, leitor.

Admito que muitos desses arrependimentos sejam absolutamente sinceros e movidos pela mais pura e legítima das intenções. O caso é que arrepender-se é apenas metade do caminho ou nem isso – a maior porção da estrada é fazer bem o que se fez errado, reparar o mal que se praticou. Quem bate esquece – diz o provérbio –, mas quem apanha lembra sempre.

36. Ação e reação

Seria imperfeita a lei de causa e efeito se as faltas que praticamos em prejuízo do nosso semelhante fossem canceladas, tornadas inexistentes pelo simples procedimento catártico da confissão, seguida do pronunciamento de algumas apressadas fórmulas canônicas. A própria física ensina que a cada impulso corresponde uma reação igual em sentido contrário. O mecanismo do Universo é necessariamente automático. Traz em si mesmo dispositivos autorreguladores; que provocam, a cada desvio, o reajuste da máquina cósmica.

Não quero que o leitor infira daí que esse raciocínio torna dispensável a ideia de Deus. Se tudo se ajusta e se corrige automaticamente – poderia arguir-se – para que a interferência de uma inteligência superior? Um ponto, porém, não deve ser esquecido aqui: um mecanismo desses não se cria por acaso, como resultante de forças cegas. Muito mais simples do que isso seria criar-se um lápis. Era só deixar que forças desconhecidas acabassem por descobrir, por si mesmas, a combinação do grafite e da madeira capaz de produzir o lápis. Já não pretendo aventar a hipótese da criação do próprio grafite, nem a da madeira, da tinta e da cola. Nada disso. Quero apenas que imaginem todos esses ingredientes sobre uma pedra ou no fundo da terra à disposição das forças e impulsos universais a ver se num milênio ou em vários bilênios será de esperar-se a criação de um lápis, mesmo rude e mal-acabado.

No entanto, leitor, coisas tremendamente mais complexas foram criadas e estão sendo criadas às miríades, no exato momento em que você lê estas linhas. No seu próprio corpo ocorrem muitas dessas criações, responsáveis, aliás, pela manutenção da sua vida física. E se processam silenciosa e humildemente, tão silenciosas e humildes que muitos de nós mesmos as colocamos em dúvida ou as negamos enfaticamente.

Logo, a automaticidade das leis cósmicas não exclui a participação de Deus, senão que a confirma, tornando-se absolutamente indispensável num Universo onde não há efeito sem causa.

Mas como vamos reparar danos causados, se somente nos últimos instantes da vida terrena os reconhecermos? É claro que agarrados a esse verdadeiro dogma de uma só existência não podemos sequer raciocinar.

Discutiremos mais adiante esse ponto que é de suma importância. No momento eu queria apenas chamar a atenção do leitor para o fato de que crença não se impõe a ninguém.

37. A MATURIDADE ESPIRITUAL

POR OUTRO LADO, é igualmente desastroso aceitar crenças e doutrinas que a nossa inteligência não pode alcançar. É cômodo seguir um código teológico que pensaram por nós e para nós, mas não é satisfatória, do ponto de vista filosófico, essa atitude.

É índice veemente de imaturidade espiritual aceitar dogmas católicos e protestantes apenas porque foram imaginados por eminentes teólogos de fulgurante inteligência. Primeiro de tudo, porque qualquer doutrina digna do seu status filosófico é essencialmente evolutiva e perfectível. Segundo, que deve necessariamente passar pelo crivo da razão.

Com o decorrer do tempo e com a acumulação de conhecimento científico, as ideias têm de sofrer revisões. Também elas, como os seres e os universos, envelhecem e morrem e até renascem renovadas, corrigidas e melhoradas.

38. Pequena digressão sobre o Gênesis

Os exemplos são inúmeros, mas podemos tomar um que é bem conhecido de todos. Quem poderá hoje aceitar literalmente a descrição infantilíssima do Gênesis?

A cada coisa que criava, o deus bíblico contemplava por um instante e achava que era bom. Então ele não sabia antes qual seria o resultado da sua criação? Primeiro acha que o animal precisa de companhia, pois não era bom que vivesse só. Daí cria os animais, macho e fêmea – diz a Bíblia. Só depois de já ter criado os bichos, com a diferença de sexo, lembra-se de criar a mulher de Adão. Numa improvisação mágica, mas que atesta sua imprevidência, parece não ter mais de onde tirar o material de que plasmou Adão. O recurso é adormecer o homem e sacar-lhe algumas costelas para fazer-lhe a esposa.

Em seguida, coloca à disposição deles o paraíso, mas impõe-lhes severo regime de ignorância, pois não devem provar o fruto do conhecimento. A despeito das suas advertências e precauções, deixa-se facilmente derrotar pelas artimanhas de um simples réptil que convence a Eva de oferecer a maçã ao marido. Ficamos então sabendo que a árvore do bem e do mal era uma pobre macieira. E por mais que devore maçãs hoje, ninguém adquire conhecimento algum, o que é um dos profundos mistérios da vida...

Conhecida a falta, sai Deus pelo paraíso a gritar por Adão, como qualquer um de nós que procurasse um filho relapso pela floresta. Ao encontrá-lo, afinal, com sua mulher, ambos envergonhados e arrependidos, em vez de ensinar-lhes e aconselhá-los como faria um pai terreno, põe-nos para fora do Éden, pronunciando maldições terríveis sobre os dois.

Adão terá de ganhar o pão com o suor do seu rosto. Eva sofrerá, até o fim dos tempos as dores do parto. Nisto também se enganava o Senhor, porque não previu o autor do Pentateuco o parto sem dor, hoje corriqueiro, nem o trabalho sem suor.

A volta ao Éden ficou impedida para todo o sempre, guardada a porta por um anjo com uma espada de fogo. E nunca se descobriu esse paraíso, nem esse anjo, nem a sua espada. O que se descobriu é que mal acabara de criar aquelas belezas no jardim das delícias, já estava Deus amargamente arrependido de tudo, expulsando suas criaturas e interditando-lhes o seu jardim.

Por fim, saem Adão e Eva, metidos numa tanga que o próprio Deus lhes fizera – o que leva Voltaire a supor que o Senhor teria sido o primeiro alfaiate deste mundo. O caso é que abandonaram o paraíso, onde lhes estava assegurada uma existência de vagabundagem e ignorância totais. Vão cuidar da vida.

Finalmente, seu filho Caim assassina o irmão Abel. Mais uma vez Deus ignora o que se passou, mas parece suspeitar e pergunta algo sibilino:

– Caim, que foi feito de teu irmão?

Ante a evidência, nova série de maldições, e Caim foge espavorido para a terra de Moab. Lá se casa e vive muito feliz, como nos contos de fadas. Mas casa com quem, se o mundo acabara de ser criado e não havia outros seres humanos senão seu pai e sua mãe?

Não adianta prosseguir para não roubar o tempo ao leitor e a mim. A matéria é inesgotável, praticamente. Não obstante, muita gente ainda crê nessas fantasias com toda a sinceridade, letra por letra. O pior não é isso. O mais fantástico é que sobre essas fábulas montou-se o dogma do pecado original que à nossa revelia se propagou a toda a espécie humana.

Em vez de uma doutrina lógica e racional como a da responsabilidade pessoal pelos seus atos, ficamos com essa monstruosa concepção de assumir responsabilidades por erros alheios e mais: erros cometidos por quem supostamente vivia na mais inocente e total ignorância. Meu Deus! Se os próprios teólogos afirmam taxativamente que o pecado só existe quando há consentimento e *conhecimento*! Não me venham dizer que Adão fora advertido a não tocar na árvore da ciência. Isso foi mera *proibição* e não esclarecimento. Continuava ele a ignorar a razão de lhe ser defeso servir-se daquele fruto. E se o pecado só existe quando há conhecimento pleno, ele (muito menos a sua descendência) não poderia ser condenado por ter exatamente buscado esse conhecimento.

39. Outras consequências do pecado original

Há outras consequências graves dessa falta que não parece tão grave. Dizem os eruditos que os nossos primeiros pais "deixaram de ser filhos de Deus: perderam a *vida da graça* e já não podiam mais ir para o céu".

Mas isto é fantástico! Deus cria um paraíso terrestre, um céu e um inferno. Sua intenção é evidentemente fazer o homem viver indefinidamente e depois transportá-lo de corpo e alma para o céu. Isto, para início de conversa, já não está muito claro. Se o céu é um paraíso, onde se contempla a Deus e o primeiro casal já estava no paraíso, onde conviviam com Deus face a face, para que o céu?

Mesmo fazendo vista grossa da incongruência, temos de admitir que Deus já previa que alguns de seus filhos não iriam dar boa conta de si e acabariam como inquilinos do inferno. Caso contrário, não teria criado este.

Por outro lado, condicionou a admissão de *todos* no céu ao resultado da prova a que submeteu o primeiro casal, reconhecidamente incompetente para decidir matéria tão grave e de tão tremendas consequências para toda a humanidade.

Adão e Eva perderam o que os teólogos chamam de "dons preternaturais". Não podiam mais viver na "especial proximidade de Deus", além de terem de abandonar o paraíso que, afinal de contas, havia sido criado para eles.

Dizem mais: que a inteligência deles "se obscureceu; enfraqueceu-se a sua vontade; desde aquele momento, tiveram a inclinação para o mal". Conversa pura. Se a inteligência obscureceu é porque era brilhante; se a vontade enfraqueceu é porque foi mais forte e como é que seres de inteligência lúcida e vontade firme se deixam levar pela mais ingênua artimanha da serpente, contra a qual, aliás, já estavam prevenidos? Ademais, sem a desobediência continuariam sem saber distinguir o bem do mal, condição essencial ao exercício do livre-arbítrio.

Por esse pecado infame tiveram de ganhar o pão com o suor do rosto e "sofrer a morte", pois através desse pecado, "o demônio havia adquirido poder sobre eles". É a doutrina pauliniana.

Não obstante todo esse transtorno causado às suas existências, às de todos os seus descendentes e aos próprios planos de Deus, Adão e Eva não foram para o inferno, como era de supor-se, uma vez que o demônio literalmente havia adquirido poder sobre eles. Ao contrário, ficam docemente no limbo, pois o céu *estava fechado*. Dessa condição os libertou Jesus. A questão é que seus descendentes não tiveram essa sorte. Muitos foram precipitados no inferno só porque não quiseram se batizar. Mas e Adão? Foi batizado? Comungou? Assistiu à missa? Confessou-se? Casou-se sacramentalmente?

Pois a despeito de tudo, vai para o céu. Isto sim é mistério impenetrável, pelo menos para mim...

40. A DIVINDADE DE JESUS

NÃO PODEMOS, é claro, examinar todos os aspectos, todos os dogmas e as obscuridades que neles se contém. Acho, porém, necessário estudar mais um ponto. O da divindade de Jesus, por exemplo.

Não entro na discussão desse aspecto, sem antes declarar enfaticamente que guardo pela figura espiritual do Cristo o mais profundo e sincero respeito. Jamais passou pela Terra espírito de maior elevação, pureza e bondade. Nas suas fontes primitivas, não há doutrina ética que supere a sua. Assim, não discutirei o Jesus Cristo autêntico, mas o que dele fizeram mais de dois mil anos de especulações teológicas.

Feita essa ressalva absolutamente necessária, deixe-me dizer que Jesus não precisa de que o deifiquemos, nem disso cogitou ele próprio na sua pregação. Os evangelhos sinóticos também não especulam sobre o assunto. Buscando toda a literatura cristã primitiva, os teólogos encontraram duas passagens brevíssimas e muito inseguras acerca da divindade em são João. Segundo esse evangelista, são Tomé teria dito: "Meu Senhor e meu Deus!" (20:28). Na outra passagem, João teria dito; "Este é o verdadeiro Deus!" (João 5:20). A terceira referência encontra-se no versículo 9 do capítulo 5 da Epístola aos Romanos, de são Paulo. Aí o apóstolo teria escrito acerca de Jesus: "Deus, sobre todas as coisas bendito pelos séculos."

Afora isso, só no *Credo* que enfeixa os principais conceitos aprovados pela mais rígida teologia ortodoxa da época é que vamos encontrar referências à divindade de Jesus.

É preciso lembrar ainda que o problema não foi sequer levantado nos primeiros tempos do cristianismo, exatamente quando ainda pregavam aqueles que conviveram com o Cristo e dele receberam, por via direta, os ensinamentos.

Quando a questão começou a ser debatida, não faltaram teólogos dos mais eminentes e respeitados entre os chamados Pais da Igreja que lhe recusassem qualquer fundamento racional.

Ao contrário das referências à divindade, as quais não podemos escoimar de suspeição – provavelmente uma das muitas piedosas interpolações –, são abundantes e positivas as passagens em que Jesus deixa bem claro sua perfeita comunhão espiritual com o poder mais alto – a que chama Pai –, ficando igualmente claro, porém, que é dele distinto e a ele está subordinado.

41. "... Aquele que me enviou"

Ao pé do poço de Jacó, nas proximidades de Sicar, na Samaria, Jesus falava a uma samaritana, acerca da redenção, enquanto os apóstolos tinham ido à cidade adquirir provisões. Ao voltarem, os discípulos convidaram-no a comer, ao que lhes respondeu o Cristo:

– O meu alimento é fazer a vontade daquele que me enviou a cumprir a sua obra. (João 4:34).

Ora, um Deus não envia outro Deus, isto é, conforme os teólogos, uma segunda pessoa de si mesmo, a cumprir missão. A ser isso verdadeiro, o que manda é superior e o que obedece e cumpre, lhe está sujeito. Como poderia Deus, no qual todos os atributos são comuns às três pessoas, subordinar-se à vontade de outro?

> O amor de Jesus ao Pai – diz o *Catecismo* – revelava-se principalmente nisto: que *cumpria a vontade do Pai.* Fazia *obediente* tudo o de que o Pai o havia incumbido; aceitava *submisso* tudo o que o Pai lhe enviava. Trabalhava constantemente para a glória do seu Pai.

Temos de aceitar, então, esta situação incongruente: de acordo com a doutrina, Deus é uno e trino ao mesmo tempo. Uma dessas pessoas que integram a personalidade de Deus – digamos assim – manda a outra à Terra, em missão específica, das mais espinhosas e difíceis. A segunda pessoa, tão divina quanto a primeira, obedece e aceita submissa tudo quanto esta lhe envia em provações e sofrimentos. Deus infinito, onipotente e eterno, sujeita-se a uma existência limitada, contido pelos estreitos recursos da condição humana. Presta-se até mesmo a provas inaceitáveis e indignas da sua majestade como a da tentação pelo demônio.

42. A TENTAÇÃO E O DEMÔNIO

A TEOLOGIA, ÀS vezes, exige da gente muito mais do que podemos dar, ou mesmo imaginar. Este ponto é um deles. Deus cria uma equipe de anjos para que participem da sua glória. Subtrai esses novos seres às vicissitudes da matéria, às quais submeteu nós outros, os homens. Não muito certo, porém, da excelência da sua criação – ao que parece – deseja também testar os anjos. Alguns são aprovados e premiados com a graça de serem colaboradores diretos de Deus. Os reprovados que se revoltaram são imediatamente precipitados no inferno, como seus administradores, o que não deixa de ser um prêmio também, de certa maneira. Ainda mais: permite-se a esses entes criados angelicais e depois degradados que perturbem a obra de Deus, procurando por todos os meios e modos desfazer o bem, tentar os homens, induzi-los ao pecado, arrastá-los ao inferno. Ao demônio se concede tal autonomia e poder que se lhe permite tentar o próprio Deus que o criou e o remeteu ao inferno.

"Com a sua morte na cruz, Jesus *venceu o demônio* – diz o inefável *Catecismo*. – Quebrantou o poderio de Satanás e nos libertou da sua tirania."

Gente, isso não faz sentido! Deus, todo-poderoso, criador de todos os seres e coisas, lutando contra uma das suas próprias criações e precisando sofrer na cruz para libertar as demais do poderio da que se transviou!...

43. O MAIOR MISTÉRIO DA FÉ

O PROBLEMA DA trindade é de uma incongruência inabordável à luz da lógica, mesmo no consenso geral da doutrina católica.

Pai, Filho e Espírito Santo são três pessoas, mas são igualmente uma só. Cada uma delas é verdadeiro Deus. As três, isoladamente, são infinitamente santas e perfeitas, sapientíssimas, todo-poderosas, eternas. Como são uma só pessoa, "têm um só intelecto divino, uma só vontade divina, uma só vida divina em infinita felicidade". É o que diz o *Catecismo,* que adiante acrescenta honestamente: "A verdade de um só Deus em três pessoas é o maior mistério da nossa fé." E não é mesmo?

Mas vamos por partes. Essas três pessoas são idênticas nas suas virtudes intelectivas e espirituais, sendo de admitir-se que o sejam também em substância, como, aliás, confirma o próprio documento básico que é o *Credo.* E como é que vamos 'encaixar' nesse mistério, o corpo físico de Jesus, segunda pessoa da Santíssima Trindade?

Tinha ele corpo material e humano quando foi mandado encarnar-se na Terra? É de se supor que assim o queiram os teólogos, porque já no Gênesis, Deus declara sua intenção de fazer o homem "à sua imagem e semelhança".

Bem, então são três individualidades distintas, em corpos físicos diferentes e uma só pessoa? Difícil como o que conciliar isso com as leis físicas, igualmente criadas por Deus...

44. "Pai, se for da vossa vontade"

OUTRA: SENDO AS três pessoas movidas por uma só vontade, como se entende a dramática cena do horto?

Figure o leitor a situação. Deus-Pai manda que Deus-Filho venha à Terra, encarne-se como homem, lute contra o demônio e resgate a humanidade com o seu próprio sangue. Deus-Filho cumpre sua missão em perfeita obediência. No momento decisivo, entretanto, sente-se fraquejar diante da dureza da prova que o espera. Seu coração, muito humanamente, se angustia. Então, ajoelha-se e ora, dizendo:

"Pai, se for da *vossa* vontade, afastai de mim este cálice! Contudo, faça-se não a *minha*, mas a *vossa* vontade."

Está em Lucas 22:42. Esse é o resultado da cegueira teológica. Uma cena imensamente tocante, docemente humana, na qual um espírito bom e puro, vergado ao peso das suas aflições, sente uma vertigem de fraqueza e recorre ao poder que lhe é superior, esta cena se transforma na teologia numa verdadeira monstruosidade filosófica. Dentro da contextura doutrinária, vemos um Deus sujeito a angústias como qualquer de nós implorar à outra pessoa da mesma divindade que, se for da sua vontade, o subtraia do sofrimento que o espera.

Sem saber ainda das sutilezas teológicas do futuro, a segunda pessoa da Santíssima Trindade expressamente declara, num momento de aflição, a distinção perfeita das vontades, havendo *uma* sua e *outra* do Pai.

45. A MENSAGEM DO CRISTO

EUSÉBIO, BISPO DE Cesareia, foi um dos que achou absurdo que a natureza não engendrada e imutável de Deus todo-poderoso tomasse forma humana. Está na história eclesiástica, segundo o eruditíssimo Voltaire. Entre os chamados Pais da Igreja, Justino e Tertuliano sustentaram a mesma tese. Aquele, segundo o mesmo Voltaire, no seu diálogo com Trifon e este, no seu arrazoado contra Praxeas.

E, afinal de contas, o que vem a divindade de Jesus acrescentar aos aspectos éticos da sua pregação? De minha parte, creio que há muito mais mérito nele e nos seus ensinos se o temos por um ser humano de apuradíssima elevação espiritual, do que se o considerarmos Deus. Se nem ele nem os seus seguidores imediatos declararam sua natureza divina, por que vamos nós atribuir a eles essa condição?

Muito ao contrário, há em toda a parte veementes declarações suas e dos seus historiadores que o colocam numa posição de obediente emissário de um poder que lhe é superior e que lhe é distinto em vontade. A esse poder ele invoca, ora e pleiteia. A ele se submete humildemente e em nome dele prega, cura, ensina e corrige. Porque essa tentativa de fazê-lo Deus? Como homem, sua obra é magnífica, sem precedentes e sem similares. Em três anos de pregação no meio de gente humilde e simples, deixou imorredoura mensagem de paz e de amor, sem artifícios teológicos, sem sutilezas canônicas. A despeito de ter sido confrontada com os formidáveis poderes temporais da época, essa mensagem sobreviveu e frutificou, porque trazia em si mesma o selo indelével da autenticidade. Basta ler as suas parábolas e recordar os ensinos para nos convencermos da legitimidade de seus propósitos e da singela beleza dos seus princípios.

Na sociedade, não deseja outra coisa senão a sublimação do egoísmo que nos ensina a amar ao próximo como a nós mesmos e não fazer aos outros o que não desejamos que nos façam. No foro íntimo, quer o homem renovado, tolerante, sincero, puro não apenas nas ações, senão também e, principalmente, na intenção. Na relação com Deus, acha que devemos entrar para o silêncio do nosso quarto e orarmos secretamente, em lugar de rezarmos pelas esquinas, onde todos possam ver quão piedosos somos. Em vez da violência que gera violência, julga preferível que se ofereça uma face a quem já bateu na outra. Ao que nos exige andemos metade do caminho, que andemos também a outra metade, com o que significa não haver esforço suficientemente grande ou humilhante para encerrar uma velha malquerença. Aos que enfrentam graves dificuldades na existência terrena, acena com a recompensa na outra. Aos que invocam Deus como testemunha do que afirmam, declara que é bastante dizer sim, sim; não, não. Quanto aos tesouros da Terra, são apenas um meio e não uma finalidade em si mesmos. Interessa unicamente que entesouremos bens espirituais que a traça e a ferrugem não consomem. É a doutrina invencível da supremacia do espírito eterno sobre a transitoriedade da matéria. Esta é mero instrumento que tomamos por empréstimo aos recursos naturais, a fim de tornar possível nossa atuação e aprendizado neste mundo. A vida deve transcorrer sem aflições desmedidas e sem o desgaste imenso daqueles que se empenham na busca inconsiderada do poder, da glória e das honrarias. Não há Salomão que se revista de tanta beleza e pompa como um simples lírio do campo. Ademais, quem poderá acrescentar uma polegada à sua estatura? Não dependemos todos dos poderes que criaram e regulam o Universo em que vivemos? Então, trabalhemos sem aflições e sem exageradas fadigas, porque se Deus nos trouxe até aqui, certamente continuará a levar-nos para o

Os procuradores de Deus

nosso destino, qualquer que seja ele.

Aos que erram, não aponta o Cristo com a dureza e crueldade da punição eterna e sim com a acolhida do pai ao filho pródigo. Mas que cuidemos antes da viga sobre o nosso olho do que do cisco no olho do nosso irmão.

Esta é, em parte, a doutrina que ele pregou e que avulta extraordinariamente como mensagem de conforto e tranquilidade. Se, no entanto, o colocamos na categoria divina, aspectos essenciais da sua vida e da sua obra se tornam incompreensíveis ou mesmo inaceitáveis, como vimos.

Assim acho preferível tomar o Cristo por um espírito de elevada hierarquia que nos veio ensinar o caminho da evolução espiritual em vez de considerá-lo um deus que aqui esteve para resgatar pecados alheios, no sofrimento vicário da cruz, disputando nossos espíritos com o demônio.

46. Outros dogmas

Outros aspectos puramente dogmáticos há a examinar, mas seria muito longo estudá-los todos. Um deles diz respeito a Maria, mãe do Cristo. O profundo respeito e admiração que nutro por essa incomparável figura humana me impede de envolvê-la na controvérsia teológica.

O simples fato de ter merecido a honra e a satisfação de incumbir-se da formação daquele ser extraordinário constitui documento suficiente para atestar a sua elevada hierarquia espiritual. As aflições por que passou são outras tantas provações amargas para o seu coração sensível e puro.

Ela própria deve ter se sentido muito perplexa diante daquele filho mais velho que, de repente, aos 30 anos de idade, atira-se de corpo e alma a uma estranha e difícil missão, cujas consequências naqueles agitados tempos eram imprevisíveis. Deve também ter atingido profundamente a sua sensibilidade a incompreensão algo irritada dos demais filhos, diante das ideias e da missão do mais velho. Ela, ao menos, se não podia entender com a mente, aceitava-a com o coração, mas os outros filhos por certo se revoltavam pelas atitudes de Jesus que, em lugar de seguir a lei de Moisés, constituir família e cuidar dos seus, saíra pregando uma nova doutrina que trazia fariseus e escribas sempre no encalço das suas palavras para atirá-lo contra a ira da ortodoxia dominante.

Essa, porém, sempre foi a tragédia dos reformadores ainda os que, como o Cristo, vieram para cumprir a lei e não destruí-la, segundo afirmava.

47. A MISSÃO

VEMOS A CERTA altura que Maria, seus filhos, filhas e genros buscam a Jesus entre a multidão que o seguia. Não seria aquela uma tentativa de reconduzi-lo à tranquilidade do lar? Jesus, entretanto, afirma que são sua mãe e seus irmãos aqueles que ouvem a palavra de Deus. Com isso não repudia aos seus, senão que estende muito além os limites dos seus cuidados, neles incluindo todos os que desejam levar uma vida decente, de acordo com a melhor ética de que se tornou arauto. Estranho, porém, que não abandona os pecadores. Ao contrário, proclama que justamente os doentes é que precisam de médico. É inegável, entretanto, que naquele momento tomou gravíssima decisão. Se regressasse ao convívio dos seus, estaria por certo ao abrigo dos tormentos por que iria passar, mas estaria igualmente anulado o seu trabalho, o motivo pelo qual decidira vir ao mundo. A aparente dureza do seu pronunciamento, alienando o apoio da família, o coloca definitivamente no caminho do messianismo. Dali em diante não tem mais laços que o prendam. Acabou de subordinar as ligações do parentesco biológico, por mais nobres e ternas que fossem, aos interesses evidentemente superiores da sua missão. Não havia alternativa. É ali que começa realmente o seu martírio. E ali o seu *point of no return*. Dali em diante não poderá mais recuar.

E por isso Maria regressa ao lar sem o filho mais velho. É a sua primeira e definitiva renúncia. Também o seu martírio começa ali. Terá de vê-lo doravante à distância, ouvir falar dele e dos seus trabalhos. Haverá de acompanhá-lo, tão aflita e desamparada, quando sente no seu coração que ele caminha irremediavelmente para o centro da tormenta. Sabe que o ódio teológico – o mais implacável do mundo – não deixará seu filho senão depois de totalmente aniquilado. Finalmente acompanha-o na tragédia da sua execução e recolhe, desalentada, o seu corpo sem vida. Tão jovem, Senhor! Tão bom, puro, tão acima do seu tempo e da sua gente.

A história de Maria, que ainda sobreviveu de muito ao seu filho mais velho, é esse drama pungente. É certo que pelo menos um dos outros filhos foi conquistado mais tarde pelas doutrinas do irmão. Chamava-se Tiago, o Justo, e é considerado o primeiro bispo de Jerusalém. Era homem de austeras virtudes e profunda serenidade.

48. A DESUMANIZAÇÃO DE MARIA

A FIGURA HISTÓRICA de Maria tinha realmente de acender a imaginação dos homens. Não há filho, nem pai, nem mãe que não sinta a intensidade do seu drama, o seu silencioso desespero ante a inutilidade dos seus esforços para salvar aquele estranho filho das garras dos seus inimigos. Com o correr dos tempos, os teólogos se interessaram pela sua figura e tentaram, num esforço tão grande quanto dispensável, desumanizar Maria, isentá-la do chamado pecado original, colocá-la como um ser à parte na criação, quando o verdadeiro sentido da sua vida é amor, renúncia, humildade, sem nenhuma aspiração a posições eminentes, ao lado daquele que foi seu filho na carne.

Tanto se elaborou e se teceu à volta da sua personalidade que se fundou um ramo especializado de conhecimentos a que se denominou mariologia. À medida que se endeusava o seu filho, também ela ia recebendo novos títulos de glória, glória a que não aspirou, por certo, pois apenas desejou cumprir com o mais desvelado carinho a sua difícil missão. Por fim, fizeram-na também subir aos céus em corpo e alma como Jesus.

A tal ponto chegou a elaboração teológica em torno da sua serena figura humana que a corrente mais lúcida do catolicismo passou a preocupar-se com a nítida tendência de excessiva exaltação de Maria. Não faltaram, entre os teólogos, aqueles que começaram a suspeitar uma divinização de Maria, já que o seu culto passou a assumir proporções tais que se não superavam, pelo menos faziam-na igualar na atenção e na veneração devidas a Jesus. Esse foi, aliás, um dos problemas do Concílio Vaticano II.

Não quero tocar aqui no problema da sua concepção, pelo imenso respeito que consagro à mãe de Jesus. Não vejo em que a maternidade possa macular a pureza de uma jovem esposa e não vejo em que a discussão exaustiva desses aspectos possa acrescentar algo de ponderável ao nosso código íntimo de ética, nem à doutrina do Cristo.

Em suma, acho que tanto Maria como Jesus são extraordinárias figuras humanas, em razão da própria grandeza dos seus espíritos. Não há necessidade de divinizá-los, que isso não os torna maiores. Como seres humanos, constituem para nós um estímulo e uma espécie de meta, porque abrem diante de nós a possibilidade de um dia atingirmos o ponto de maturidade espiritual que alcançaram. Divinizados, no entanto, se tornam mitológicos, inteiramente inatingíveis, como modelos de perfeição e equilíbrio espiritual.

49. A CONDIÇÃO HUMANA DE JESUS

NÃO SE PODE deixar de observar na obra de Jesus indícios dos mais evidentes da sua inegável condição humana. Nas suas irritações, no seu temor, nas suas angústias, em certas mudanças de atitude, em face de problemas básicos da sua pregação, e até mesmo de alguns enganos – a tomar-se pelo seu valor nominal os relatos que chegaram até nós.

Às vezes se aborrece e se impacienta com o que ouve ou presencia. Numa das passagens (Mateus 16:23), repreende asperamente a Pedro, por lhe ter assegurado que as desgraças que anunciou não chegariam a ocorrer.

– Para trás, Satanás! – diz ele ao seu discípulo.

Aos escribas e fariseus são constantes as suas censuras, chamando-os de hipócritas, geração de víboras. Adverte que aquele que disser *raca* ao seu irmão deve ser levado à justiça, mas aquele que chamar seu semelhante de tolo, vai para o inferno; referindo-se, porém, aos fariseus e escribas, aplica o mesmo adjetivo que já declarou desencadear as penas do inferno.

Outro gesto de incontida irritação é a cena de explosão com os mercadores e cambistas no pátio do templo. Afinal, ali estavam eles exercendo uma função útil e necessária. Tanto vendiam os animais destinados aos sacrifícios religiosos, como trocavam moedas de muitas nações, por aquelas que tinham validade no templo. Era um comércio legítimo, permitido e necessário. A cena da expulsão – a ser legítima – só pode ser atribuída a um momento de profunda irritação do Cristo. Está em Marcos, no capítulo 11, versículo 15. De outra vez, faz secar uma figueira porque não tem figos fora da estação (Marcos 10:12 a 14). Em Marcos, no capítulo 11, versículos 20 e 21, ao passarem pela figueira morta, Pedro lembra o incidente:

– Mestre! olhai! A figueira que amaldiçoaste secou!

Jesus se vale da oportunidade para uma lição acerca da fé, mas que culpa tinha a pobre figueira de não ter figos fora do seu tempo?

50. Temores e angústias

Dos seus temores e angústias não há passagem mais eloquente do que o drama de Getsemani, onde implora ao Pai que se estivesse na vontade dele, Pai, que o poupasse ao tormento que pressente.

Também a cena da última ceia com os discípulos tem uns laivos sombrios de melancolia e apreensão. A hora é chegada e não sabe ele ainda como irá haver-se com a provação. Por isso dá contas ao Pai da sua missão. Em companhia de Pedro e dos dois filhos de Zebedeu afasta-se para orar e começa a sentir o peso da tristeza. Declara mesmo aos discípulos que estejam vigilantes, pois sua alma está extremamente angustiada. É o que conta Mateus, no capítulo 26, versículos 36 e seguintes. Finalmente, ao sentir que morria na agonia insuportável da cruz, exposto ao sol, aos insetos e à execração pública, talvez tenha sentido mais do que nunca a sua tremenda solidão entre os homens. Não viria Deus em seu socorro? Teria mesmo de morrer entre criminosos vulgares, vítima daquele eterno conúbio entre intolerância religiosa e complacência temporal? Diante da morte humilhante de um messias que nem a si mesmo se salvava, em que ficaria a sua pregação de três anos? A despeito de tudo, Deus parece ausente, de todo indiferente à sua sorte.

Só assim se explica aquela exclamação tão dolorosa e profundamente humana:

"Pai, por que me abandonaste?"

Sente-se totalmente desamparado. Já não tem mais dúvida: afirma na sua pergunta irrespondida que fora inexplicavelmente abandonado, depois de cumprida a sua missão, tal como imaginava que fosse da vontade daquele mesmo que o enviou.

51. Dúvidas e enganos

Quanto a certos pontos doutrinários, é evidente que alguns ele próprio reviu, corrigiu ou modificou. Outros ficaram algo obscuros, do que se aproveitaram os teólogos para elaborarem o dogmatismo em torno do núcleo central da doutrina.

Albert Schweitzer estuda uns tantos desses aspectos na sua

clássica e corajosa obra *O misticismo do apóstolo Paulo*. Não sei de edição em português. A que possuo é tradução para o inglês do original alemão *Die Mystik des Apostels Paulus*, respeitado o mesmo título, *The Mysticism of Paul the Apostle* (MacMillan, 1956).[20]

Não escaparam a Schweitzer certas perplexidades de Jesus e as consequentes revisões que operou na sua pregação. Ao enviar, por exemplo, os discípulos para que semeassem a sua palavra, acreditava Jesus estar "liberando as tribulações pré-messiânicas, ao cabo das quais seria estabelecido o reino de Deus", tal como anunciavam as antigas profecias. Não obstante, em lugar de surgir o Filho do Homem antes que eles se fossem para as cidades de Israel, os apóstolos "simplesmente voltaram a ele" – diz Schweitzer. "Em consequência – prossegue o eminente teólogo protestante – ele se retira com eles para a solidão, a fim de buscar o sentido daquele fato incompreensível."

A leitura de Isaías então o informa de que Deus o havia destinado a morrer sozinho.

> A princípio – diz Schweitzer – Jesus havia admitido a possibilidade de dispensá-lo Deus da tribulação final: o que se evidencia no seu pedido de ser poupado, na prece em favor do estabelecimento do reino. Convenceu-se então de que a sua prece foi atendida para os outros; não para si mesmo. Por isso, segue para Jerusalém, disposto a compelir os dirigentes populares a mandarem matá-lo.

O mesmo teólogo informa ser provável que a morte de João Batista tenha desempenhado papel preponderante na resolução de Jesus de sofrer e morrer.

Também espera, como corolário da sua morte, seu próprio reaparecimento cercado de nuvens para o estabelecimento do

20. Atualmente existe uma edição em português, publicada pela Fonte Editorial. (N.E.)

reinado messiânico. Quanto a sutilezas teológicas, não cogita ele delas, pois seus "pensamentos não são tão precisamente determinados pelo estudo de religião comparada... como os do moderno candidato a uma prova de teologia. Da mesma forma, ignora ele a distinção entre resgate e redenção" – declara Schweitzer.

Por sua parte, Jesus também acredita que no fim dos tempos o demônio e seus seguidores serão atirados ao fogo eterno, com os outros condenados.

52. O PROBLEMA ESCATOLÓGICO

NO ENTANTO, o problema central da pregação do Cristo, e que se confirmou e ampliou nos anos que se seguiram à sua morte, é puramente escatológico, isto é, diz respeito ao advento do reino de Deus e à destinação final de todas as criaturas.

Nesse ponto, como veremos de maneira abreviada, a doutrina pauliniana não concorda integralmente com a de Jesus e nem poderia.

A pregação de Jesus se centraliza em torno da ideia de que o reino de Deus estava iminente. Que todos se arrependessem de seus pecados, levassem uma existência limpa e de acordo com as leis da fraternidade universal. O julgamento final estava próximo, como anunciavam as profecias.

Schweitzer chama a atenção para o fato de que a concepção escatológica de Jesus tinha sua base nas ideias expostas nos livros de Daniel e Enoch, dentro da melhor tradição judaica. Acredita o Cristo que o Filho do Homem, rodeado de anjos, virá sobre as nuvens. Em lugar de um reinado messiânico, anuncia o reinado de Deus. Chega mesmo a prometer aos seus apóstolos que cada um deles se sentaria num trono para julgar as doze tribos de Israel.

Convencido da autenticidade da escatologia anunciada por Daniel, Jesus "abandonou – diz Schweitzer – a ideia da escatologia profética de que Deus destruirá os maus e salvará os eleitos vivos".

Após a morte do Cristo, seus discípulos continuaram a pregação das suas ideias escatológicas, fundamento de toda a sua ética. A todos fazem lembrar com incansável insistência que o fim do mundo está próximo e que o Messias virá em imenso poder e glória dar cumprimento às profecias. Esses fatos espantosos não são esperados para um milênio ou dois, mais tarde – eles ocorreriam ainda naquela geração, sem dúvida alguma. Que se preparassem, pois, os crentes para que Jesus triunfante neles reconhecesse o seu sinal e os levasse para o reino de Deus, para todo o sempre.

53. O REINO DE DEUS

A QUESTÃO É que o tempo foi passando e o acontecimento escatológico anunciado não veio dentro de um prazo razoável. Grande embaraço caiu sobre a Igreja primitiva mesmo porque, ao contrário do que se esperava, os próprios crentes morriam sem que o Cristo tivesse regressado.

Para contornar a dificuldade evidente e vencer o descrédito que isso representava para o cristianismo nascente, Paulo adverte a Igreja de Corinto (I Cor. XI, 29-32) que a morte de alguns membros resultou por não respeitarem como deviam a cerimônia eucarística. Eufemisticamente não diz que eles morreram e sim que 'adormeceram', porque a dificuldade certamente está a exigir uma fórmula honrosa para explicá-la satisfatoriamente. O reino de Deus, afinal, não havia sido estabelecido dentro da geração, como toda a gente esperava e cria.

54. A ESCATOLOGIA DE PAULO

DAÍ EM DIANTE a escatologia de Paulo difere da do Cristo. Além do mais, outras dificuldades vão surgindo. Os participantes do reino de Deus devem ter, como o próprio Cristo, a condição de ressurretos e, portanto, devem ter passado pela morte. E como é que vão misturar os ressurretos com os que ainda não morreram? Então, segundo informa aos Tessalonicenses (I Tes, 4:14), aqueles que acreditaram na morte e ressurreição de Jesus também serão levados por Deus, se tiverem "adormecido em Jesus". Em outras palavras: a salvação aos que morreram (na simbólica linguagem do apóstolo – adormeceram) antes do advento do reino de Deus, também está assegurada nesse reino, se se mantiverem fiéis aos ensinamentos de Jesus e aceitarem a sua ressurreição. É a única fórmula viável de conciliar as coisas.

Mas não terminam aí as dificuldades da primitiva escatologia cristã. A morte, personificada num anjo – provavelmente antigo resíduo das parcas do paganismo grego – terá poderes sobre os homens até o estabelecimento do reino de Deus. Como vão então escapar ao túmulo os crentes que aguardam esse reinado? A sutileza teológica de Paulo, na autorizada palavra de Schweitzer, é que salva o cristianismo da sua perplexidade inicial acarretada pelo adiamento indefinido do advento do reino de Deus. Foi a sua concepção que abriu as portas à helenização do cristianismo, segundo o teólogo alemão. De outra forma, como iriam os gregos, com a sua formação filosófica, aceitar uma doutrina cuja proposição básica não se realizara como previsto.

Pela fórmula pauliniana, o reino de Deus tornava-se uma busca constante de perfeição porque podia eclodir a qualquer momento, mas não necessariamente já, naqueles dias.

Duas conclusões básicas tiramos daí: a primeira de que o Cristo enganou-se na sua concepção escatológica, pois, a interpretar ao pé da letra suas palavras e se não sofreram deformações posteriores, o reino de Deus não se estabeleceu nos primeiros tempos que se seguiram à sua morte. A segunda conclusão é a de que Paulo não hesitou em introduzir uma correção no pensamento do mestre, de vez que era preferível sacrificar um ponto doutrinário à verdade. Essa atitude desassombrada lhe custou divergências sérias com a facção mais conservadora e ortodoxa do cristianismo nascente. Ele só admite limitação à sua liberdade "na lei do amor", mas nada do que lhe quisessem impor a "autoridade doutrinária"— diz Schweitzer.

Foi graças a essa atitude, adverte o teólogo, que ele conseguiu "elevar a crença em Jesus Cristo ao nível de uma fé racional que encontrou a solução do problema colocado diante do cristianismo da geração seguinte, em virtude da não realização da sua esperança escatológica".

55. Cristianismo intelectual

Mais uma palavra de Schweitzer, leitor, que considero essencial:

> O cristianismo – diz ele no seu capítulo final – somente pode tornar-se uma verdade viva para as sucessivas gerações, se dentro dele surgirem pensadores que, no espírito de Jesus, tornem a crença nele, suscetível de apreensão intelectual nas formas-pensamento das concepções próprias ao mundo contemporâneo.

E adiante: "Se o debate entre tradição e pensamento silencia, sofre a verdade cristã e, com ela, a integridade intelectual cristã."

São palavras corajosas e sábias. As ideias são para serem discutidas e reexaminadas constantemente, à luz de novos conhecimentos e novas concepções, porque também elas às vezes envelhecem e morrem como as criaturas.

Não vejo em que possam tais especulações diminuir a grandeza do Cristo. Por mais que dela se tirasse, ainda ficaria muito mais do que poderíamos apreender no acanhado da nossa inteligência. Não tem faltado em mais de dois mil anos de cristianismo aqueles que se dizendo seus seguidores e continuadores não têm feito outra coisa senão aviltar a sua memória, ao buscarem nos seus ensinos apoio e justificativa para as mais lamentáveis, torpes e desumanas atitudes. O exemplo da Inquisição é um dentre muitos avultado demais, porque as atrocidades cometidas em nome do Cristo pelos inquisidores chegaram ao conhecimento da história leiga cá fora, mas na solidão das sacristias, dos mosteiros e conventos ou no burburinho da corte dos poderosos, quantos sacerdotes ainda imaturos abusaram do nome e da doutrina do rabi nazareno. Sincera ou cinicamente, empenhados em salvaguardar o que denominaram pureza da fé, muitos homens de bem foram assassinados por processos perfeitamente legais do ponto de vista humano, mas em flagrante desrespeito às leis divinas.

Por isso, o exame da doutrina do Cristo, como reconhece qualquer pessoa de bom senso, nos mostra que, embora tão acima da nossa condição de meros aprendizes da verdade, Jesus também foi um ser humano que buscou respostas às suas dúvidas e às inquietações e angústias do seu imenso coração. Também se zangava, também repreendia energicamente os que apanhava em erro, também se afligia e hesitava diante da dor, também revia suas ideias e as modificava à medida que os acontecimentos as provavam suscetíveis de reparos.

Em suma, não é Deus como querem certos teólogos que chegam a matar para defender essa divindade. É, porém, muito mais humano do que esses mesmos teólogos admitem ou sequer suspeitam. E sendo humano, nos sentimos mais perto do seu coração, porque participamos todos da maravilhosa aventura da vida, ainda que ele, o mestre por excelência, esteja a alguns anos-luz à nossa frente, na estrada da perfeição espiritual.

56. Resumo

Para uma revisão e resumo desta primeira parte, podemos relacionar da seguinte forma os pontos essenciais aqui discutidos:

1. A existência de Deus. Chame-o o leitor como quiser – Arquiteto do Universo, Inteligência Suprema, Jeová, Grande

Espírito –, mas não o negue, porque não há argumento filosófico aceitável em que se apoie para isso. Se não houvesse Deus, alguém teria de inventá-lo para explicar o mecanismo cósmico. E quem seria esse 'alguém'?

2. O conhecimento da pura doutrina cristã deve ser buscado nas suas fontes primitivas e não no emaranhado teológico que se teceu à sua volta.

3. Nem ao catolicismo nem ao protestantismo devem ser atribuídas as mazelas da bizantinice teológica; uma instituição não é mais do que aquilo que dela fazem os seus homens influentes.

4. A existência do céu, do inferno e do purgatório é insustentável filosoficamente e contraditória, mesmo sem sair dos limites jurisdicionais da teologia clássica.

5. O preceito da salvação exclusiva não resiste a uma análise fria e raciocinada, sendo responsável, em grande parte, pelas maiores atrocidades que se cometeram em nome do Cristo.

6. Crença religiosa não se impõe à força – ou a aceitamos sem exame porque não queremos examinar ou não temos capacidade crítica para fazê-lo, ou a recusamos em bloco, se depois de examinar seus postulados, concluímos pela sua inaceitabilidade.

7. A doutrina do pecado original, além de ilógica, irracional e insustentável, é arbitrária, prejudicial e desumana. Primeiro, que ninguém peca sem conhecimento pleno do ato; segundo que, se houvesse pecado, dentro da conceituação canônica, Adão teria ido para o inferno; terceiro que, mesmo admitindo o pecado de Adão, não pode essa falta de um que se salvou propagar-se por contágio ao resto da humanidade, até o fim dos tempos.

8. A concepção trinitária de Deus é uma abstração incongruente e desnecessária, que nem seus criadores e expositores conseguem explicar, senão recorrendo ao chavão desgastado e inaceitável do mistério.

9. A divindade de Jesus não é preconizada nem por ele pró-

prio nem pelos seus seguidores imediatos. Ao contrário, as referências à sua subordinação ao poder de Deus são insistentes e claras em toda a sua pregação e na concepção dos evangelistas e dos primeiros teólogos.

10. A maternidade de Maria não a avilta, nem ao seu filho, não havendo necessidade de subverter a ordem natural para purificar algo que é, em essência, incontaminável. "Não chames imundo àquilo que Deus criou."[21]

21. Atos, 10:15. (N.E.)

11. Há evidente engano sobre Jesus na sua concepção escatológica. O reino de Deus não se concretizou na geração contemporânea do Cristo, como anunciado. Isto não invalida a sua ideia, apenas a desloca no tempo e nos dá a medida do que nele era humano.

Livro Segundo

A SEMENTEIRA

*Na verdade, Deus preserva o barco, mas
cabe ao piloto levá-lo ao porto.*
ERASMO DE ROTTERDAM

1. PROGRAMA DE TRABALHO

PARA SE PLANTAR uma roça a gente tem, primeiro, de desbastar a mataria, destocar o terreno e capinar ou arar a terra. Para se construir uma casa nova onde existe outra, é preciso derrubar a velha, limpar o terreno e começar a construção. É comum que alguns dos materiais do antigo prédio sejam aproveitados na estruturação do novo, como também o capim cortado serve para adubar as novas plantações. Também para se reverem ideias antigas é preciso sacrificá-las, em grande parte, a fim de expor as novas.

Nesta segunda parte, desejo construir um modesto edifício da maneira pela qual entendo que deva ser e com alguns materiais que pudermos recuperar do velho.

Não importa que muitos acharão que apenas consegui erigir uma palhoça. Como dizia o nazareno, o reino de Deus está em nós e não do lado de fora. A gente vê nas coisas aquilo que se filtra em nossa sensibilidade. Se o filtro está obstruído pelas paixões, a imagem não pode ser clara.

Um eminente e querido amigo espiritual contou-nos certa vez uma parábola. Ao contemplar uma pedra solitária, no meio de agitadas águas na costa marítima, achou-a feia e comunicou a sua observação a um modesto pescador. Este o olhou surpreso e respondeu:

— Moço, aquela pedra para mim é linda, é a mais linda do mundo. Nela arribou o meu filho até que foi socorrido de um naufrágio. Não fosse por ela, ele estaria hoje morto e perdido nas vagas... É linda, moço, aquela pedra...

Assim é a minha palhoça e em cinco princípios fundamentais repousará a sua estrutura:

1. Existência de Deus, inteligência superior que cria e dirige, através de leis imutáveis, o Universo em que vivemos.

2. Existência, preexistência e sobrevivência do espírito humano.

3. Como corolário natural, essencial e necessário do que ficou dito no item anterior, aceitação da doutrina palingenésica, segundo a qual os espíritos renascem em outros corpos, sob outras condições e circunstâncias, em outras latitudes, mas guardando uma contínua identidade pessoal ainda que em estado latente.

4. Comunicabilidade entre os espíritos dos chamados *mortos* conosco, os que estamos temporariamente na chamada condição de *vivos*.

5. Caráter essencialmente evolucionista do desenvolvimento do espírito, cujas origens ainda são desconhecidas, mas que tem à sua frente uma eternidade em que se empenhar no seu aperfeiçoamento e maturação.

Vamos, pois, examinar esses pontos, um a um com os pormenores bastantes, mas não excessivos à sua compreensão. Sou partidário de exposições simples, lineares, diretas, sem grandes atavios e sem platitudes. Acredito na força da verdade que traz em si mesma o impulso que a revela e sustenta, ainda que ocasionalmente possa ficar submersa ou soterrada por alguma razão desconhecida ou inconfessável. A verdade sofre de incurável fototropismo. Mesmo enclausurada e metida na camisa de força da sutileza sofística, ela acaba por descobrir uma frincha por onde se esgueira silenciosamente para a luz.

Ai de nós se assim não fosse. Está nessa condição mesma da verdade a nossa própria salvação. É nesse automatismo que o nosso espírito se inspira e graças a ele que nos ajustamos a novas realidades, a novos conhecimentos e novos aspectos da verdade. O que hoje entendemos como verdadeiro há de ser necessariamente mais genuíno do que aquilo que ontem sustentávamos. Amanhã novos retoques e novo brilho terá a nossa verdade ou, por outra, a nossa maneira de encará-la.

2. A ILUSÃO DA MATÉRIA

UMA DESSAS GRANDES verdades é a existência do espírito. Diante dela se evidencia uma das mais curiosas e funestas contradições da mente humana. Somos espíritos, vivemos, pensamos, sentimos com ele, por ele e para ele e, no entanto, nos deixamos embalar pela lamentável ilusão da matéria.

Como o que temos diante de nós é o corpo físico, seus problemas, deficiências e grandezas, tomamos o transitório pelo permanente e sacrificamos os interesses superiores do espírito em favor dos reclamos da matéria que a ele deveria estar sempre sujeita.

Em face da realidade transcendental do espírito, assumimos as mais ridículas posições. Nisso envolvo também o materialista confesso como uma grande parte – senão a maioria – dos que se declaram e se julgam espiritualistas.

O primeiro, porque acredita sinceramente que a matéria é uma finalidade em si mesma, que o homem é simples conglomerado celular dotado de funções específicas e que essas funções, lutando por se expressarem, criaram órgãos próprios. Estes se reuniram em sistemas e é nesse jogo meramente físico-químico que se apoia e manifesta a vida. Para eles, nascemos com corda para certo tempo, como certos brinquedos ou relógios. Acabada a corda ou acidentada alguma peça vital, a máquina para e se torna imprestável. Não pode nem mesmo ser recuperada por meio de um reparo ou uma substituição. Com isso sucateia-se irremediavelmente o corpo físico, para o qual nem mesmo os nazistas descobriram utilidade prática: limitavam-se a queimá-lo.

E como o pensamento – julgam eles – é mera secreção do cérebro, nada mais fica do homem senão a memória ou lembrança do que ele fez, falou ou escreveu.

Nesse quadro estreito e sombrio, não há lugar para o espírito e, segundo eles, nem mesmo necessidade de tal anacronismo filosófico. Ademais, dizem também muito enfáticos, se existisse realmente o espírito, a ciência moderna já o teria provado com todos os seus maravilhosos recursos materiais e intelectuais.

3. Exame da terminologia

Antes de prosseguir, é necessário concordarmos acerca da terminologia. Que é ciência? De que autoridade se reveste? Que métodos utiliza na ampliação dos seus horizontes? São irreversíveis os seus pronunciamentos? Será sua palavra tão final e dogmática como dogmática e final pretende ser a fala teológica?

Muitas vezes chamamos de ciência apenas a um conjunto de conhecimento acumulado, sem atentar bem para a validade desses conhecimentos. De outras vezes, tomamos por ciência o que é apenas opinião de um de seus representantes ou de uma corrente dentro dela. Também costumamos denominar ciência o que é apenas certo grupo de normas e métodos utilizados nas pesquisas.

A questão é complexa, delicada e grave. Muitos de nós, fascinados pelo brilho acadêmico e pelo austero tom em que são emitidos os conceitos tidos por científicos, não nos atrevemos sequer a examiná-los com critério e serenidade. Isso é tanto mais legítimo quanto mais nos aproximamos das ciências que dizem respeito ao ser humano, suas relações com o Universo que o cerca, com os demais seres com os quais convive e com as entidades superiores implícitas na mecânica desse mesmo Universo.

4. A CLASSIFICAÇÃO DAS CIÊNCIAS

VALHO-ME AQUI DA brilhante classificação das ciências imaginada por Auguste Comte, com o qual, aliás, discordo fundamentalmente em inúmeros outros pontos. Comte distribuiu o conhecimento humano da maneira mais lógica, simples e racional, colocando as ciências em ordem hierárquica de decrescente generalidade e de crescente complexidade. A anterior fornece sempre muito de si à seguinte, mas dela não depende. Com esse critério, estabeleceu a seguinte escala:

1. Matemática
    2. Astronomia
        3. Física
            4. Química
                5. Biologia
                    6. Sociologia
                        7. Moral

Sua sequência a princípio englobava apenas as seis primeiras. Só mais tarde, compreendeu que a chamada série enciclopédica não teria sentido nem finalidade se não almejasse a um objetivo ético. O conhecimento seria até perigoso ou pelo menos improdutivo no seu sistema filosófico, essencialmente evolucionista, se todo aquele monumento de saber não se subordinasse à moral. Assim, o sétimo e último elemento da escala foi a moral.

5. Do inconsciente ao consciente

Atento exame à série comteana revela uma coisa curiosa: que o conhecimento caminha no sentido de uma gradativa consciencialidade (é inevitável o neologismo). Essa mesma ideia básica ocorreu a outro eminente pensador francês que, sem ter alcançado a projeção mundial de Comte, nem a extraordinária fecundidade literária do filósofo do positivismo, deixou obra digna da melhor atenção. Trata-se do dr. Gustave Geley. A obra que se refere a esse ponto específico chama-se *De l'inconscient au conscient*.[22]

22. Do inconsciente ao consciente. (N.E.)

Para o dr. Geley a evolução do ser se dá por etapas em que o seu dínamo-psiquismo vai adquirindo cada vez mais avançados estados de consciência.

É uma concepção realmente genial e, como todas as grandes ideias, simples e facilmente assimilável. O próprio grau de inteligência acompanha essa escala evolutiva inexistente nos objetos inanimados, extremamente rudimentar nas plantas, alvorecente nos animais inferiores, vai clareando à medida que sobe a escala animal, até alcançar o homem. Neste ainda apresenta uma nova e ampliada faixa de gradações, desde os seres rudes e incultos até aos mais elevados graus de intelectualidade.

Um momento, leitor, não estou confundindo inteligência com consciência. Não cuido aqui de consciência na sua acepção metafísica e sim no sentido do que, em inglês, se chamaria de *awareness*, ou seja, um alertamento para os problemas e condições do Universo em que vivemos, nele incluídos nós próprios. Em suma, "sentimento do que em nós se passa", no dizer de Caldas Aulete.

O selvagem tem a sua faixa de consciência limitada à estreiteza do seu alcance intelectual. Sabe da existência do seu corpo porque às vezes lhe dói ou se recusa a obedecer à sua vontade. Tem conhecimento da mata onde caça, porque disso depende a sua sobrevivência física. Conhece os fenômenos naturais mais frequentes: dia e noite, sol e chuva, frio e calor. Tudo isso, porém, forma um sistema confuso de ideias praticamente desconexas, nas quais ele não procura aprofundar-se nem tem condições intelectuais para isso.

À medida que evolui, vai adquirindo conhecimentos mais alentados e amplos, alargando a sua faixa, passando afinal a ter capacidade de abstração. Nesse ponto começam a ter sentido para ele as leis da moral. Não que ainda se sinta necessariamente inclinado a respeitá-las, mas já sabe delas, tem consciência delas. Ao cabo de mais algum tempo – não importa aqui a escala em que se mede esse fator – o espírito que iniciou a sua marcha como entidade rudimentar inconsciente, evolui lentamente para uma condição de plena consciência do Universo e de si mesmo.

Os procuradores de Deus

6. Comte e Geley

O MESMO PROCESSO está indicado na série enciclopédica de Comte. Apenas sob outro aspecto. Para o filósofo do positivismo, o conhecimento básico universal se apoia primeiro na matemática, a mais impessoal e positiva das ciências, na qual o problema da vida e, portanto, da consciência, nem sequer aflora.

Escorada na matemática, nasce a astronomia que já não é mais uma abstração. Desta se vai à física e depois à química, onde começam a despontar os fenômenos da vida, especialmente na chamada química orgânica. Daí à biologia é um passo e esta é, por definição e conceituação, a ciência da vida.

Daqui por diante é especialização pura, nos domínios da vida individual e coletiva em crescente complexidade. Vamos penetrando numa região de progressiva consciencialidade. Finalmente, no topo da pirâmide, assenta-se a moral, à qual se subordinam todos os demais ramos do conhecimento.

Assim vemos a mesma ideia diretora sonhada por dois filósofos de diferentes tendências, mas ambos evolucionistas declarados.

7. Lições da série evolutiva

A ESCALA COMTEANA ensina muita coisa se quisermos nos dar ao trabalho de meditar um pouco sobre ela.
ENTRE OUTRAS NOÇÕES, ela informa que não basta ao ser humano todo o conhecimento existente, se lhe faltar o poder moderador e orientador da moral. Como o conhecimento anterior independe do que se lhe segue, o homem pode perfeitamente ser

sábio e amoral, o que é trágico para ele e para os que o cercam, especialmente se também dispõe do poder temporal. Por outro lado, como o conhecimento pleno de qualquer dos patamares científicos depende do anterior, uma ética perfeita só se consegue atingir depois que o espírito se amadureceu no trato das ciências que antecedem à moral. De fato, o espírito atinge o ponto culminante do seu desenvolvimento quando se equilibram nele conhecimento e moral.

Também se pode deduzir daí que qualquer ramo do conhecimento humano pode e deve ser submetido a leis científicas, amparadas pela lógica, aceitas pela razão e vitalizadas pelo critério da universalidade. Melhor se diria ainda: toda ciência tem as suas leis – só nos compete inferi-las pela observação dos fenômenos.

Outra conclusão que ressalta da escala comteana é a de que o conhecimento não é um conjunto fragmentário de ilhas de saber acumulado, mas um sistema perfeitamente integrado, regido por algumas leis comuns a todos eles, e, em particular, por leis específicas a cada sistema individual que compõe a integral.

Por exemplo, a mesma lei de causa e efeito que serve à matemática ou à química regula as funções biológicas ou o mecanismo da ética.

8. Pequena digressão acerca da notação matemática

Uma vez andei especulando sobre esse princípio da universalidade de certas leis e verifiquei uma coisa que me pareceu extraordinária. Não sei se já teria ocorrido ao leitor. A ideia básica desta especulação pode ser resumida se dissermos que a notação matemática guarda notável relação com a ética. Apenas para citar ao leitor alguns exemplos: os sinais simbólicos da soma e da multiplicação nascem da *união de dois traços*, como a indicar a necessidade de colaboração e integração entre os seres. O da soma, que guarda a sua estranha identidade com a cruz, é ereto. Já o da multiplicação, mais humilde, inclina-se para a direita. Parece que realmente obtemos mais com a bondade que se inclina sobre o semelhante, do que com a indiferença que passa ereta. A multiplicação exige renúncia e esta pede que nos curvemos sobre os nossos semelhantes, para ajudá-los, para ouvi-los, para amá-los. A superposição dos dois símbolos – soma e multiplicação – lembra a figura estilizada de uma estrela, como a indicar a meta dos nossos sonhos de soma de esforços e multiplicação de amor.

Já o símbolo da subtração é sozinho e egoísta. Frio como lâmina apontada para o coração. Insinua-se como cunha entre duas ideias que deseja separar, tirando uma da outra na tentativa de também reduzi-las ao egoísmo estéril da negação. Da mesma forma o sinal da divisão repete a posição do símbolo da subtração, indicando já a vitória desta: conseguiu separar um ponto do outro. Da superposição desses dois sinais negativos nada sai de superior nem diferente: apenas resulta uma repetição egoísta de si mesmos, numa exacerbação da ideia subtratora que se cristaliza e se amplia na obsessão de dividir.

A simbologia prossegue oferecendo sugestões, nos sinais da radicação ou da potenciação. Aqui se torna mais complexo o problema, contudo mais interessante ainda. Talvez noutra oportunidade possa escrever algo mais sobre isso.

Só desejava nesta ocasião solicitar atenção do leitor para essa curiosa unicidade de certos preceitos que ajudam a integrar até ramos extremos do conhecimento, como matemática e moral.

9. Como examinar espíritos

Disso tudo se conclui – e volto agora ao ponto em que deixamos o fio da meada para essa digressão – que no campo da ética só se pode admitir como verdadeiramente científico o pronunciamento que respeitar e incorporar o conhecimento integrado de todas as demais ciências que servem de sustentação à moral. Esse ponto é de extrema importância porque a pesquisa das leis exige recursos intelectuais muito amplos e que não são apenas os que se contêm nas três ou quatro primeiras ciências. Para se chegar a essas leis, temos de conhecer, por exemplo, o mecanismo do espírito e dos princípios que o regulam. Para se alcançar este conhecimento, por sua vez, há que criar certos processos especiais de pesquisa, porque as leis específicas da psicologia não podem ser reduzidas ao nível das ciências anteriores. É da própria formulação comteana esse princípio. Em outras palavras, não podemos tomar o espírito e submetê-lo ao exame microscópico, colocá-lo no fundo de uma proveta, estudar nele o seu grau de compressibilidade, de resistência à torção, à tensão, proceder a testes de ótica, nem estudar-lhe as reações químicas para determinar seu grau de acidez ou alcalinidade. O espírito é uma entidade livre. O seu grau da escala hierárquica das ciências o coloca a salvo de tais testes e exames, demasiado rudimentares e grosseiros para a sua estrutura. Somente serão aplicáveis a ele os testes tomados às ciências que estão no seu nível individual: sociologia e moral. Como se comporta ele diante das leis sociológicas? Quais as suas reações em face da moral?

Isso não quer dizer que ele vá desrespeitar ou ignorar o conhecimento anterior, abaixo do nível em que se coloca. Absolutamente. Quando se imaginarem amanhã instrumentos adequados, vamos naturalmente descobrir que o espírito tem um corpo sutilíssimo, fac-símile perfeito deste corpo físico em que vivemos. Descobriremos, então, os primeiros clarões de uma nova ciência, a biologia do espírito. É certo que também esse corpo espiritual a que se referia o apóstolo Paulo tem a sua estrutura celular, composta de moléculas e átomos de natureza e condição ainda não conhecida.

Não estamos, felizmente, longe disso. Meu eminente amigo dr. Hernani Guimarães Andrade está pioneirando estudos nesse sentido. Os primeiros resultados de suas meditações e experimentações com esse fascinante problema já foram publicados em livro. Segundo o dr. Hernani, assim como existe um átomo material, tridimensional, há também um átomo espiritual tetradimensional. Como não posso aqui resumir o trabalho desse notável cientista patrício, remeto o leitor interessado diretamente à sua obra.

10. Micro e macrocosmos

É CLARO QUE pertencendo a um sistema cósmico regido por leis integrantes, o espírito também a elas se subordina. O mesmo dispositivo conceptual se aplica ao mundo físico. O mecanismo do macrocosmo é idêntico ao do microcosmo. O núcleo atômico cercado de elétrons e prótons é reprodução dos chamados sistemas solares. Exatamente como os espaços interatômicos e intermoleculares há os vazios interestelares. Regem aos dois sistemas – micro e macrocósmico – as mesmas leis de atração e repulsão. Todos esses corpos giram sem choques cataclismáticos, sem ruído e sem dispêndio aparente de energia. Não apenas se assemelham esses dois extremos na escala física – eles são um e único sistema.

Pois muito bem. Não se quer dizer com isso que qualquer um de nós possa pesar a Terra numa balança de açougue, submetê-la a testes de um dinamômetro de laboratório ginasial, medir de compasso e esquadro em punho a curva do seu achatamento nos polos, sondar a espessura da sua crosta com um alfinete de cabeça. Muito disso vai sendo feito à medida que descobrimos novos processos e novos instrumentos adequados a tais estudos. Só porque não assistimos à pesagem da Terra, não vamos colocar em dúvida a sanidade mental daqueles que, num esforço de conhecimento matemático, físico e astronômico, chegaram às proximidades de um número aceitável.

11. O TESTEMUNHO DA CIÊNCIA

EMBORA EU JAMAIS tenha estado no pico do Himalaia, aceito pacificamente a sua existência. Tenho uma ideia razoável da sua aparência, da sua altitude, das suas condições climáticas, topográficas e outras. Depoimentos de pessoas que merecem fé chegaram ao meu conhecimento. São descrições, memórias, fotografias, resultados de pesquisas feitas por grupos interessados na ampliação do saber humano.

De outros aspectos do Universo, os depoimentos são, às vezes, menos precisos e mais escassos, mas nem por isso podem ser postos à margem como inaceitáveis aqueles que foram honestamente coligidos. Dizem, por exemplo, que o polo é coberto por uma calota de gelo e creio que o seja. Acrescentam que se pode navegar em submarino por baixo dessa calota e também aceito, muito embora não tenha participado pessoalmente de nenhuma expedição exploradora. Também nunca desci ao fundo de uma mina de termômetro em punho, mas depoimentos fidedignos me asseguram que a cada cem metros a temperatura sobe três graus.

Não apenas aceito isso. Tais conhecimentos e inúmeros outros, incorporados a enciclopédias, livros didáticos, estudos, memórias e teses são universalmente admitidos como genuínos. Ninguém em seu juízo perfeito vai subir ao Himalaia para verificar pessoalmente se a montanha tem realmente a altitude que os livros declaram ter. O fato é pacífico. Também não vamos abrir nossa caixa torácica para ver se, como assegura o médico, estamos com um sopro no coração e por quê.

12. Provas inadequadas

Quando se trata, porém, da existência do espírito, nada disso se aplica. Queremos ver *essa coisa*, encerrada numa jaula, sob as lentes de um microscópio eletrônico, no fundo de uma proveta. Queremos que ele faça para nós algumas mágicas, nos deixe examinar suas impressões digitais, nos mostre a língua, deixe-se pesar e medir pelos nossos toscos e ridículos instrumentos. Não adianta que homens da mais elevada reputação pessoal, científica e intelectual, tenham já nos assegurado a existência do espírito. Não adianta. Queremos a prova da maneira inadequada, à nossa maneira, sem cogitar de que para cada sistema de fenômenos há um conjunto específico de testes e provas.

E ainda mais: os próprios cientistas cada vez que se interessam pelo problema do espírito se veem atacados de uma impermeável desconfiança pelo que já se fez. Nada do que se pesquisou anteriormente pode ser aproveitado. Os métodos são tidos por falhos, o conhecimento científico é inquinado de rudimentarismo, muita margem foi supostamente deixada a explicações alternativas, a experimentação eivou-se de vícios, o problema não foi estudado em todos os seus aspectos e mais e mais objeções. Nada se tem especificamente a alegar contra essa atitude que é sadia e se harmoniza com os melhores preceitos do procedimento científico, *mas* para que o trabalho se desenvolva de maneira genuinamente científica é preciso que suas conclusões sejam também corajosas e impessoais.

13. A INICIATIVA DOS ESPÍRITOS

HÁ MAIS DE cem anos, provavelmente impacientados ante a cegueira espiritual do homem, os próprios espíritos desencadearam um movimento destinado a revelar certas verdades singelas e naturais que até então se achavam encobertas pelo véu do mistério e do desconhecido. Esse véu só era levantado muito a medo e pouco a pouco diante de alguns iniciados.

A coisa começou nos Estados Unidos, em 1848, num lugarejo chamado Hydesville, e em breve alastrava-se pelo mundo afora. Dos *raps* e batidas, o fenômeno evoluiu para manifestações nas quais se reconhecia uma inteligência invisível a fornecer indicações verificáveis e verificadas.

Logo depois, o fenômeno adquiriu inesperado impulso e amplitude, manifestando-se através do movimento inabitual de móveis – o que se chamou de o fenômeno das mesas girantes.

Também aqui devo poupar o nosso tempo. O leitor interessado encontrará obra digna da melhor fé no livro do eminente escritor e médico *Sir* Arthur Conan Doyle, o famoso criador do maior tipo da novela policial, o detetive Sherlock Holmes.

Sir Arthur foi um dos que se viram literalmente arrastados à aceitação do fenômeno espiritual pela sua gritante evidência e autenticidade. O livro a que me refiro é histórico, não doutrinário. Relata singelamente os fatos e as observações feitas por ele pessoalmente ou por gente que lhe merece fé. Chama-se The history of Spiritualism. Há tradução em português.[23]

Outras obras existem de caráter igualmente sério e histórico, sem proselitismo e sem doutrinação. Cito uma de autor brasileiro: As mesas girantes e o espiritismo, desse minucioso e sincero pesquisador que é Zêus Wantuil.

Isso quanto à história do desenvolvimento da ideia.

23. A história do espiritualismo, traduzida no Brasil também como A história do espiritismo. (N.E.)

14. COMO ENGANAR TODA GENTE DURANTE TODO O TEMPO

VOLTEMOS AO ASPECTO da pesquisa científica. Dizia eu que as manifestações se espalharam de tal forma pelo mundo e provocaram tal alarido que os cientistas da época não puderam mais ignorá-las. Outros, com velada ou declarada intenção de desmascarar aquilo que lhes parecia aprioristicamente uma bem engendrada farsa universal, também se atiravam ao problema. Estes provavelmente desconheciam aquele velho princípio de que é possível enganar umas poucas criaturas por muito tempo, ou enganar muitas pessoas por pouco tempo, mas é impossível enganar toda a gente durante todo o tempo.

É claro que as conclusões desses trabalhos individuais são sempre condicionadas à formação psicológica e moral daquele que as apresenta. O fenômeno é comum em qualquer ramo da ciência, pois o conhecimento resulta da observação dos fatos e esta é mero exercício de faculdades humanas. Mesmo nas chamadas ciências exatas – classificação que me parece inadequada porque pressupõe a existência de ciências inexatas – o problema é bem conhecido. Três pessoas repetindo uma operação de pesagem do mesmo corpo, na mesma balança, sob idênticas condições, encontrarão resultados aproximadamente iguais, mas raramente idênticos.

Isto na observação de um fato simples, lidando com substâncias materiais e empregando métodos já consagrados pela experimentação. Diante de um fenômeno inabitual, pouco estudado e cercado de uma aura indevida, mas ainda persistente, de maravilhoso, então é que a coisa se agrava mesmo. Ao ponto de um circunspecto cientista, depois de assistir na companhia de ilustres colegas seus a uma experiência, declarar taxativamente e discordando da opinião dos demais, que embora não pudesse dizer como, por certo houve fraude na produção do fenômeno.

Não é que ele estivesse convencido de que fora enganado. Como homem de ciência, sabia ele que só poderia afirmar o que pudesse comprovar e ele não estava em condições de atestar a fraude, explicá-la e reproduzi-la. A questão é que a aceitação do fenômeno implicava uma revolução tão grande nos seus conhecimentos, uma subversão tão radical nos seus mais queridos dogmas científicos que achou preferível escapar pela única portinhola que ficara entreaberta para uma honrosa retirada.

Os procuradores de Deus

# 15. Que provas? Que ideias?

Outros se declaram insatisfeitos com a evidência oferecida. Querem mais provas, de outra natureza, de uma espécie e condição que nem eles próprios sabem ao certo como devam ser. Se lhes colocam à disposição o fenômeno para que estabeleçam eles próprios o controle e os fatos continuam a acontecer, recusam-se a prosseguir porque começam a ver ali os primeiros clarões de uma verdade que vai incomodá-los ou colocá-los no *index prohibitorum* dos demais colegas céticos e das instituições acadêmicas. Por muito menos, Freud foi tenazmente combatido. Por suas ideias acerca da microbiologia, Pasteur foi arrastado à execração pública. O cidadão que teve a ousadia de fazer uma demonstração do fonógrafo a um ilustrado grupo de cientistas foi arrepanhado pela aba do paletó por um indignado e austero professor que lhe perguntou enfurecido quem era ele para estar ali impingindo ventriloquia por máquinas palradoras a homens de bem.

E quem era aquele outro louco que queimava até os móveis da sua casa, na ânsia de descobrir novos processos de vitrificação? É Bernard Palissy. E os que quiseram chamar a atenção do vulgo para o fato de que não a Terra, mas o Sol é que ocupa o centro de um sistema cosmogônico? E aquele patrício nosso, Alberto Santos Dumont, que meteu na cabeça a absurda ideia de que o mais pesado que o ar podia voar? Loucura, disseram-lhe os técnicos da época. A própria dirigibilidade já havia sido tentada e abandonada como impraticável. Quando ele falou em prender um motor a explosão debaixo de um balão de gás inflamável, foi aconselhado a desistir, porque o fogo certamente se propagaria ao hidrogênio e seria uma tragédia completa.

De modo que até o momento em que esses homens concretizem as suas ideias, passam por lunáticos, perseguindo sonhos de alquimistas, gente algo *detraqué*[24] que busca o inatingível. Está claro que é impossível voar com o mais pesado do que o ar, ora essa. Só aquele pequeno e solitário brasileiro é que não via uma coisa mais que óbvia. Até que conseguiu realmente voar, ainda que uns poucos metros acima do solo, Dumont ficou na categoria dos sonhadores inúteis e pacíficos, dos quais há tantos por aí.

24. Louca. (N.E.)

O problema, portanto, é que não temos bons critérios seletivos para distinguir aquele que os americanos chamam pitorescamente de *crackpot*[25] daquele que está realmente empenhado na realização de uma ideia exequível, por mais fantástica que pareça ao primeiro observador apressado.

25. Louco, insensato. (N.E.)

Um tio-avô que conheci já velhinho aplicava todo o seu tempo e os seus modestos recursos na procura do moto-perpétuo. Ainda me lembro do complacente sorriso dos membros da nossa família, quando se referiam ao maravilhoso sonho do tio Candinho. De minha parte, não sorria. Sei lá... Todos me diziam da impossibilidade de eliminar o atrito e outros dogmatismos científicos, mas tenho para mim que com mais alguns anos de vida física e mais algum dinheiro, tio Candinho teria chegado ao seu moto-perpétuo. Posso estar errado, mas é o que penso, honestamente.

16. A ILUSTRE CONFRARIA DOS LUNÁTICOS

Aí ESTÁ o cerne da questão. Tanto os que se empenham no esclarecimento de certos problemas e buscam soluções novas para antigos enigmas científicos, como os que a eles se associam, ou mesmo os apoiam, passam por excêntricos, no mínimo. São raros, assim, os cientistas que se atiram corajosamente à pesquisa psíquica. Decidiu-se há algum tempo que esse problema já está resolvido, superado e liquidado. Os que ainda se interessam por ele passam logo a integrar a colorida confraria dos malucos, embora mansos e aparentemente normais sob os demais aspectos. Cobre-se de ridículo, liquida a sua reputação científica e até social aquele que não leva em conta esse preconceito.

– Ah!, o professor Fulano? *Era* um cientista muito equilibrado e competente. De repente, começou a se interessar por essa história de espiritismo, que não teve mais jeito...

Mas onde foram os conhecimentos do professor? Não continua a serviço dele o seu cabedal científico? Será que ele deixou subitamente de ser inteligente e esqueceu, de repente, toda a sua matemática superior ou toda a sua fisiologia, como o professor Charles Richet? Ou toda a sua física, como o eminente *Sir* William Crookes? Ou a astronomia, como Camille Flammarion? Ou a sua pedagogia, como o professor Denizard Rivail?

Pelo contrário, esses homens e tantos outros levaram para a pesquisa espiritual o treinamento adquirido no trato das ciências em que se especializaram. O trabalho de Crookes no terreno psíquico traz as características de sobriedade, de segurança, de honestidade científica que o tornaram mundialmente e merecidamente famoso. Bastaria uma de suas descobertas para consagrar qualquer homem de ciência, mas citemos duas das mais publicizadas: o tubo de Crookes e o quarto estado da matéria – o radiante.

Será possível iludir com fenômenos espúrios um gênio da estatura de Cesare Lombroso? Ou um espírito minucioso, alerta, racional e seguro, como o famoso professor Alexandrer Aksakof? Ou um cérebro lúcido e cauteloso, como o de *Sir* Oliver Lodge?

17. LODGE E A SOBREVIVÊNCIA

Tomemos um só deles, o último aqui citado, e vamos dar uma espiada rápida em um dos seus estudos. Não tenho dele o original inglês, e sim uma excelente tradução francesa do dr. H. Bourbon, prefaciada pelo professor J. Maxwell. Chama-se este livro *La survivance humaine*[26] (Librairie Félix Alcan, Paris, 1912).

26. A sobrevivência humana. (N.E.)

> A convicção do autor – diz Lodge no prefácio – de que o homem sobrevive à morte de seu corpo é bem conhecida e é baseada na observação de longa série de fatos naturais. A leitura deste livro permitirá fazer imediatamente ideia nítida da natureza das razões sobre as quais ele, autor, se fundamenta para considerar que, no futuro, chegará o momento em que esta crença será cientificamente estabelecida.

Para *Sir* Oliver, no que chamava de "escrita automática" e no que o tradutor francês expressou por *"discours en état de trance"*, está a melhor comprovação da continuidade da existência do homem e sua atividade póstuma. Ao primeiro dos fenômenos mencionados pelo cientista, os modernos espiritistas chamam de psicografia; ao segundo, psicofonia.

No capítulo primeiro da sua obra, vai logo prevenindo *Sir* Oliver que é possível atribuir "boa parte de tais fatos ao domínio da superstição, *mas não de os eliminar todos*".

Assegura *Sir* Oliver a necessidade de se investigar esses problemas com prudência, para evitar que se encoraje alguma superstição estúpida, que

> instintivamente acarretaria um retardamento na mar-

cha das pesquisas até o momento em que o progresso da instrução haja razoavelmente permitido esperar que certa minoria assaz considerável possa aceitar os resultados com espírito calmo, ponderado e judicioso.

Essas palavras foram escritas há mais de meio século e continuamos, infelizmente, a aguardar aquela minoria razoável que aceita o fenômeno pelo menos para examiná-lo. A regra geral é a indiferença de um lado e a azeda ferocidade negativista do outro. A coisa continua equacionada como um problema cultural.

O livro de Lodge traz um acervo enorme de trechos que merecem ser citados para situação adequada do assunto. Nós – o leitor e eu – é que não dispomos de tempo para examiná-lo todo aqui o que equivaleria a escrever outro livro. Como acho, entretanto, que será difícil você conseguir um exemplar dessa obra, deixe-me citar mais um pouco.

Sir Oliver declara que os fatos que passa a estudar foram "tidos por verdadeiros num círculo especial de pessoas que dispõem ordinariamente de capacidade crítica e bom senso". Acha também que "nenhum fenômeno deverá ser rejeitado sem hesitação sob o pretexto de que parecia inacreditável à primeira vista".

18. INCREDULIDADE E DESCONFIANÇA

O PROFESSOR HENRY Sidgwick, presidente, à época, da Sociedade de Pesquisas Psíquicas de Londres, declarava num dos seus discursos, achar escandaloso que se possa ainda discutir a realidade desses fenômenos que tantas testemunhas competentes atestaram e acreditar que tantos outros estejam interessados na solução do problema e que, não obstante, o mundo erudito conserve maciçamente uma atitude de simples incredulidade.

Achava Lodge que a aceitação dos fatos ficava condicionada a uma questão de tempo. Nenhuma ciência – lembrava ele – teve imediata acolhida. Recorda que os resultados das pesquisas científicas quase sempre inspiram desconfiança. Os trabalhos de geologia e antropologia sofreram desse mal até quando já ia bem adiantado o século 19. Mesmo nas ciências que chama de ortodoxas, como a química, a física, a biologia, ainda se guardam traços de retardados preconceitos,

sem falar, diz ele, da antipatia que provocam as pesquisas das coisas do espírito, impopulares e suspeitas a tal ponto de encontrarmos pessoas suficientemente corajosas para atribuir à intervenção do diabo todo acontecimento insólito e raro e pôr a juventude de sobreaviso contra o seu exame.

Quanto à oportunidade, acha que a época ainda não estava perfeitamente amadurecida para esse grau de conhecimento.

Os pioneiros que estejam preparados para receber rudes golpes. A mentalidade de um povo não se modifica senão lentamente. Até que seja ela transformada, as verdades novas, nascidas antes do tempo, têm de sofrer a sorte dos prematuros: o profeta que as anuncia deve contar ser tomado por um desses fanáticos dos quais cada época tem larga fauna e contentar-se em ver verbalmente ou metaforicamente assassinado como se sua execução fosse necessária ao processo regenerativo do mundo.

Não obstante toda a celeuma à volta do fenômeno, a pesquisa psíquica não tem outro objetivo senão o das demais pesquisas científicas em torno de qualquer fenômeno natural, ou seja: conhecer-lhe o mecanismo, compreender-lhe as condições de eclosão, penetrar-lhe a natureza e descobrir as leis que os regulam. É o que adverte Lodge e com ele estamos de pleno acordo. Realmente, a ciência tem tido interesse na pesquisa psíquica, se bem que um interesse por assim dizer, errático e, até aqui, algo improdutivo – certamente por causa da imaturidade espiritual a que se refere *Sir* Oliver Lodge. O que acontece é que, quando as conclusões são favoráveis ao fenômeno, não se incorporam ao sistema de conhecimentos científicos, porque a chamada ciência oficial as refuga desconfiada e não raro coloca de quarentena o cientista que as apresenta. Quando as conclusões são desfavoráveis, por qualquer erro de observação, *parti pris*[27] da parte do observador, insuficiência dos métodos, inadequabilidade do sistema de testes ou qualquer vício intrínseco, então sim, os céticos impenitentes, que são maioria, batem palmas e respiram aliviados: mais uma vez a 'ciência' demonstrou a inanidade absoluta dessa grande ilusão humana que é a existência do espírito.

27. Preconceito. (N.E.)

19. Condições de Observação

Vários aspectos se nos defrontam aqui. O fenômeno é realmente de delicada natureza e só ocorre mediante determinadas condições, como qualquer outro fenômeno natural. Não adianta querer fotografar raios quando o céu está limpo de nuvens e brilha um sol de rachar. Quem quiser estudar o raio terá de esperar o momento apropriado e as condições indispensáveis à sua manifestação: tempo encoberto, atmosfera carregada, etc.

Curiosamente contraditório e incoerente, muito cientista acha que as manifestações do espírito humano têm que se enquadrar em condições especiais em evidente conflito com a natureza mesma do fenômeno. Querem raio sem nuvem, sem eletricidade estática, sem prenúncio de tempestade. E, quando não ocorre o fenômeno nas condições arbitrariamente prescritas, vêm declarar que examinaram tudo e não encontraram coisa alguma que justificasse a crença no espírito. Conclusão inevitável: o espírito é uma ficção ingênua e desnecessária de ocultistas misteriosos, de gente inculta e crédula e de um ou outro intelectual iludido.

20. Os que explicam tudo

Também há o pesquisador que observa uma série de fenômenos e os explica muito racionalmente de maneira a dispensar a hipótese da existência do espírito ou da sua sobrevivência. Até certo ponto, é uma atitude filosoficamente admissível. Uma dessas explicações alternativas tornou-se bem mais comum depois que, superada tenaz resistência, não houve como recusar a validade da telepatia. Assim, no caso em que o espírito manifestante revela fatos desconhecidos do médium, mas arquivados por assim dizer na memória de um dos presentes, a 'explicação' mais cômoda é a de que o médium recebeu telepaticamente a informação, *lendo* na memória do vivo aquilo que ia revelando.

Realmente, há um princípio científico segundo o qual não se deve adotar uma explicação mais complexa e transcendental, quando serve outra mais simples e corriqueira. Mas, primeiro, a explicação telepática é a mais simples?

21. Telepatia ou televisão?

PODEMOS EXPLORAR UM pouco este ângulo. A telepatia pressupõe naturalmente a existência de um mecanismo qualquer conjugado de tal forma que um deles funcione como transmissor e outro como receptor de imagens, de ideias e às vezes, de sons. Quanto à imagem e ao som, vamos admitir que fosse possível a existência de delicadíssimos e complexos sistemas de relés que pudessem funcionar como nos dispositivos da televisão: um desses sistemas decompõe a imagem e o som em impulsos elétricos e os remete através do espaço, enquanto o outro, em sintonia perfeita, recebe aqueles impulsos e os recompõe, reconvertendo-os em sons e imagens. Isso por si só já seria uma verdadeira façanha incompreensível dentro das limitações e fragilidades do corpo físico. Ademais, se o fenômeno resulta de uma simples operação fisiológica, por que não a pode executar igualmente bem um cadáver? Ali estão as mesmas células, os mesmos órgãos, os mesmos sistemas. Ah!, mas falta a vida, dirá o cético. É verdade, falta a vida e o que será essa coisa a que chamamos vida? Por que não sente e não reage à excitação externa um cadáver?

22. Teleconhecimento

Vamos, porém, por amor ao argumento, admitir a possibilidade de um sistema de televisão e telefonia conjugado entre corpos físicos de dois seres vivos.

Mas, e a transmissão do pensamento, sem imagens, sem sons e sem palavras, caso em que o receptor recebe telepaticamente uma *impressão*? Alguém acaba de ter, por exemplo, aquilo que em inglês se chama de *hunch*, ou seja, um 'palpite', de que a tia Ofélia morreu. Curioso aquilo! Não estava sequer pensando na tia Ofélia. Há algum tempo não a vê, mas sabe que vai bem de saúde, pois dela tem notícias com relativa frequência. E de repente aquela estranha sensação de que algo de grave e sério aconteceu a ela. Decorrido um razoável espaço de tempo, vem a saber que, de fato, naquele momento em que ele recebeu a sua inexplicável impressão, tia Ofélia passou para a 'outra vida'.

Fatos como esse não são lendários, nem de extrema raridade. Ao contrário, ocorrem com muito maior frequência do que suspeitamos. Para explicá-los, dentro dos postulados telepáticos, precisamos de um sistema transmissor-receptor extremamente mais complexo e delicado. Não há imagens, nem som, nem palavras – apenas uma ideia inarticulada. Necessitamos aqui de um aparelho sensorial (ou extrassensorial como querem os parapsicólogos) em condições de captar a sutilíssima vibração de uma ideia, de um pensamento, processá-la e remetê-la ao receptor que a acolhe, ainda inarticulada, sob a forma de sensação indefinível que depois vem a confirmar-se.

Esse é o primeiro passo do procedimento científico: a opção por uma explicação mais simples torna desnecessária a mais improvável ou mais complexa. Mas torna, mesmo, neste caso?

23. Universalidade da hipótese alternativa

EM FACE DESSAS dificuldades, apenas esboçadas para não alongar demais o trabalho, não estou muito certo de que a alternativa telepática passe pelo teste. Mas concedamos que assim seja e apliquemos a ela outro teste científico: o de que a explicação, teoria ou hipótese, tem de ser universal, isto é, adaptar-se perfeitamente a todos os fatos daquela mesma natureza observados sob idênticas condições.

A hipótese telepática, no caso da morte da tia Ofélia é aceitável. Alguém que teve imediato conhecimento da morte transmitiu telepaticamente essa informação ao receptor por um mecanismo ainda desconhecido, mas provisoriamente admitido como possível, dentro da pura condição material, fisiológica.

Há, porém, casos em que a pessoa morre em lugar ermo e nenhum ser consciente toma conhecimento do fato. Não há transmissão de pensamento entre vivos, nem de imagens ou de sons. O receptor simplesmente *sabe*, por meios que ele próprio não consegue explicar, que certa pessoa de suas relações acaba de sofrer algo de muito sério.

A não admitir a telepatia entre *vivos e mortos*, a hipótese telepática é inaplicável ao evento. Sua aceitação implicaria necessariamente admitir não apenas a existência do espírito, mas a sua sobrevivência à morte física. E para isso não estão preparados os cavalheiros andantes do ceticismo. Apelam então para outra hipótese, já que a primeira ficou engastalhada no segundo teste de validade.

24. A HIPÓTESE ESP

A SEGUNDA HIPÓTESE tem características de *deus ex-machina*,[28] resolve (ou pretende resolver) qualquer situação inexplicável pelas formulações habituais: é a da percepção extrassensorial. Neste caso, o receptor tomou conhecimento do fato através de uma faculdade inata ou cultivada, situada no seu sistema biológico, além dos cinco sentidos habituais.

Podemos aqui retornar a aplicação do sistema de testes de validade. É essa hipótese a mais simples? Aplica-se a todos os fenômenos da mesma espécie?

Já o primeiro teste parece difícil de vencer, pelo fato de que a fenômenos da mesma natureza ora serve a hipótese telepática ora somente se aplica a da ESP (percepção extrassensorial).

É a mais simples? Tenho sérias dúvidas. Para admitir a sua validade, teríamos de supor a existência de um mecanismo receptor sem o apoio de dispositivo emissor e sem nenhuma articulação plausível com a provável fonte emissora. Uma pessoa recebeu a impressão de que alguém morreu e depois verifica que o acidente se deu em lugar ermo e dele ninguém *vivo* tomou conhecimento. Como se aplicaria a hipótese telepática – a não ser que se admita a sobrevivência e a comunicabilidade entre

28. Expressão latina para "deus providencial", ironicamente. Pessoa ou evento que vem providencialmente resolver uma situação desesperadora. (N.E.)

vivos e mortos –, temos de recuar para a fantástica explicação de que o corpo morto foi ainda capaz de emitir uma vibração tal que conseguiu impressionar o mecanismo psíquico do receptor, através das faculdades extrassensoriais deste. Então isto é a explicação mais simples? Não exige ela maior dose de boa vontade e credulidade do que a singela, ainda que formidável, hipótese da sobrevivência?

25. Fraude e resíduo

Mas a coisa ainda se estende além desses limites. No caso da inaplicabilidade das hipóteses imaginadas pela irredutível fertilidade dos céticos, restam ainda duas alternativas extremas: o recurso à acusação de fraude e o simples processo de 'esquecer' de examinar e discutir os casos que contrariam os seus pontos de vista e para os quais não há explicação razoável. Em duas palavras: o problema da fraude e do resíduo.

Cuidemos deles juntos e isoladamente porque se acham integrados um no outro.

O fenômeno inabitual das manifestações psíquicas se presta de fato a inúmeras fraudes. Muita gente gosta de *épater*[29] o próximo, produzindo ou fingindo produzir fenômenos insólitos. Se assim não fosse não haveria a mágica. Nada há de errado nisso, enquanto a coisa é praticada honestamente para recreação. Acontece que muitos indivíduos através dos quais se produzem os mais autênticos fenômenos psíquicos, sob o mais rígido controle, são às vezes apanhados em fraudes mais grosseiras ou mais sutis. A explicação dessa deformação psicológica não é difícil. A operação de fenômenos inabituais acarreta àquele que os pro-

29. Assustar. (N.E.)

duz certo prestígio e alguma projeção, despertando em torno de sua pessoa e de suas faculdades a atenção de todos quantos delas se acercam. Por outro lado, tais faculdades são necessariamente intermitentes e insuscetíveis de previsão absoluta como qualquer fenômeno natural. Não podemos saber com precisão que volume d'água terá o rio Amazonas em determinado ponto, no dia 22 de junho do ano próximo. A despeito de todos os nossos sistemas de previsão de tempo, frequentemente nos enganamos: chove quando foi anunciado bom tempo e faz um belo sol quando a meteorologia nos preveniu de que ia chover.

Com os problemas psíquicos a coisa ainda é muito mais sutil, porque sua ocorrência depende, em inúmeros casos, da vontade de espíritos, tão livres quanto nós mesmos, além do que condições muito delicadas e extremamente complexas são requeridas para produção do fenômeno.

Sendo a própria faculdade em si intermitente e imprevisível, pode surgir inesperadamente em qualquer pessoa, como tão inesperadamente ser retirada por uma razão ainda não conhecida. O mesmo indivíduo que ontem obteve extraordinárias manifestações sente-se hoje parcial ou completamente inibido, produzindo fenômenos fragmentários ou nenhum de todo. Essa espécie de *blackout* da faculdade tanto pode ser temporário como permanente. Muitos indivíduos que as tiveram as recuperam ao cabo de algum tempo; outros, jamais. Então, por uma reação bem humana, o indivíduo tenta produzir o fenômeno a qualquer preço – genuína ou fraudulentamente. Estranha coisa ainda há a acrescentar. A fraude pode ser perfeitamente honesta, se me permitem a antinomia, ou melhor, pode ser inconsciente. O indivíduo, apanhado em flagrante delito, é o primeiro a surpreender-se da sua intenção, aborrecer-se dela e invocar imediatamente a invalidade da experiência.

Tudo isso que aí está, porém, não altera um fato irremovível:

Os procuradores de Deus

o de que, eliminados todos os fenômenos fraudulentos ou sequer suspeitos de o serem, afastados todos os que admitem aplicação de hipóteses alternativas, fica, no fundo do samburá, um teimoso resíduo inexplicável e irredutível. Cabe então a grande pergunta: Que fazer dele?

26. Tratamento do resíduo

Há várias maneiras de tratar esse resíduo. Alguns simplesmente o ignoram por comodismo ou manifesta má fé, preferindo esmiuçar os fenômenos eivados de fraude ou os que se adaptam a esta ou àquela hipótese considerada razoável, honesta e 'científica'.

Outros observadores colocam o resíduo sob rigoroso regime de quarentena. Aguardam melhores métodos experimentais, novos avanços científicos, mais amplas oportunidades de estudo e observação. Estes são cautelosos. Talvez em excesso, pois retardam o avanço da ciência, subordinando a marcha do progresso às suas próprias deficiências, receios e hesitações.

Há também os que se recusam a aceitar a validade de qualquer resíduo, sob as mais curiosas e improváveis alegações. Uma delas: "Sei que há fraude nisto, embora não consiga descobri-la nem prová-la."

Finalmente, há os que tomam aquele resíduo e o dissecam, analisam, estudam, comparam e acabam por confessar honestamente que não há mesmo jeito: a coisa é autêntica e merece o nosso respeito. Estes são corajosos e possuem aquela superior qualidade humana da humildade intelectual, ingrediente indispensável da grandeza e da evolução. Só progride aquele que revê suas ideias, corrige o que descobriu estar errado e abandona velhas crenças, por mais caras que lhes sejam, em favor de novas ideias, ainda que insólitas e contrárias ao espírito da maioria. É preciso, porém, que a nova ideia seja melhor do que a antiga, que explique o que antes era inexplicável, que renove a estrutura da personalidade, que abra novos horizontes de aprendizado, que nos torne, numa palavra, melhores, sob todos os aspectos.

As ideias podem ser novas e boas e apenas novas, mas o nosso progresso só se faz pela renovação e só nos renovamos abandonando as superadas fórmulas que não mais se sintonizam com o acervo de conhecimentos.

27. O caso de Conan Doyle

Sir Arthur Conan Doyle foi um que passou por uma crise por ter tido a coragem de afirmar aquilo que não se queria ouvir. Era um verdadeiro ídolo na Inglaterra, respeitado e querido por todas as classes populares e intelectuais. Uns – talvez a maioria – o cortejavam mais porque era homem de sucesso, criador daquelas fascinantes novelas históricas, do excelente dr. Watson, do insuperável e fleumático Sherlock Holmes; outros – a minoria – reconhecia nele mais do que o contador de histórias, o homem brilhante, destemido nas suas atitudes, extrovertido, esportivo.

De repente, o fenômeno psíquico lhe solicita a atenção, pois inúmeros eram os seus interesses. Como não sabia fazer coisa alguma pela metade e nem gostava de receber ideias alheias em prato feito sem as examinar, resolveu focar sobre o fenômeno a sua poderosa inteligência. Sua primeira impressão era a de que logo teria a sua própria conclusão e o problema não mais o incomodaria, pois certamente não poderia haver ali nada de positivo.

Enganou-se *Sir* Arthur e teve a hombridade de confessá-lo publicamente, declarando que examinara o fenômeno psíquico e concluía que era autêntico.

Foi uma verdadeira comoção na Inglaterra. Maior reação do que a provocada quando decidiu, numa das suas novelas, 'matar' Sherlock Holmes. Era o escritor mais bem pago da língua inglesa, cérebro lúcido, dono de penetrante poder observador, sem o que não seria capaz de produzir aqueles primores de raciocínio e imaginação que são as suas novelas policiais e históricas. De repente, esse *enfant gaté*[30] do superconservador público britânico, torna-se um desses *spiritualists*, gente que nem todo mundo levava muito a sério.

Não apenas isso: *Sir* Arthur Conan Doyle passou os últimos anos da sua vida empenhado na divulgação daquelas ideias que, depois de passadas pelo crivo da sua inteligência, considerava dignas de serem proclamadas aos quatro ventos. Como era de se esperar, o impulso que deu à aceitação do fenômeno psíquico foi notável.

30. Predileto, queridinho. (N.E.)

28. A LONGA ESPERA DA VERDADE

*Se Deus recuasse da verdade,
eu me agarraria à verdade e
abandonaria a Deus.*
MESTRE ECKHART

E NÃO ERA uma coisa extraordinária essa de se adquirir razoável certeza de que somos espíritos imortais? Não era essa a verdade que o homem vinha procurando há tanto tempo?

Sem dúvida que a história da humanidade registra a eclosão de muitas crenças espiritualistas. Infelizmente, porém, foram *crenças* e não um conjunto de fatos que a inteligência pudesse tomar para exame e a razão aceitar sem degradar-se e sem fazer concessões. Não há contradição alguma entre ciência e fé. Na demonstração desse postulado, empenhou-se, entre tantos outros, *Sir* Oliver Lodge, um dos físicos mais respeitados do seu tempo. Muito ao contrário, como dizia o professor Denizard Rivail, a fé genuína é aquela que pode sustentar um debate com a razão. Encarando a questão de outro ponto de vista, já o dissera também Voltaire, ao assegurar que para acreditar no que é racional não é necessário ter fé. A crença no que é lógico impõe-se por si mesma. Fé é preciso ter aquele que é solicitado a crer no que a sua razão não admite ou que nem sequer tem o direito de submeter a exame crítico.

29. Metapsíquica

Conversávamos, entretanto, sobre a pesquisa científica. Voltemos àquele tema, que ainda não foi esgotado e certamente não o será aqui.

Quando a manifestação se torna por demais gritante, a ciência, ou, pelo menos, alguns cientistas, se dispõem a examiná-la. Foi assim, no final do século passado e início deste.[31] Como a terminologia proposta pelos espíritas foi julgada inadequada – provavelmente mera vaidade científica –, criou-se uma nova e à ciência proposta para estudar àquele conjunto de fenômenos foi sugerido o nome de metapsíquica. O professor Charles

31. É importante lembrar que o autor escreveu esta obra no século 20. (N.E.)

Richet tornou-se o pontífice da nova ciência e o seu *Traité de Métapsychique*,[32] a Bíblia dos seus apologistas.

32. *Tratado de metapsíquica.* (N.E.)

Richet namorou a verdade e até se poderia dizer que a pediu em casamento, mas não a levou ao altar das academias. Preferiu uma espécie de concubinato envergonhado e indeciso.

Dessa atitude dúbia que fica apenas um passo adiante do ceticismo puro e um passo atrás da verdade, é muito típico o título de um dos seus livros mais conhecidos, depois do *Tratado*, *La grande espérance*.[33] A existência do espírito e sua sobrevivência seriam não mais que uma grande esperança, hipótese digna de exame, nada mais.

33. *A grande esperança.* (N.E.)

Decorridos alguns anos, a civilização acelerou o seu ritmo e amanheceu o que H. G. Wells chamou de era das grandes potências. E quem ia lá ter tempo e serenidade para pesquisar essas suspeitíssimas atividades do espírito? Assim, voltou tudo ao esquecimento, enquanto que a ciência considerava a manifestação psíquica coisa já decidida, superada e enterrada.

30. A PARAPSICOLOGIA

SÓ AÍ POR volta de 1930 recomeçou a pesquisa mais a sério, sob a orientação do professor J. B. Rhine, na Universidade de Duke, em North Carolina, nos Estados Unidos.

O dr. Rhine estava interessado em reexaminar o assunto e encontrou quem lhe suprisse os fundos necessários às primeiras investigações. Melhor diria que ele se dispôs a *examinar* o problema e não a reexaminá-lo porque ele o retomou na estaca zero novamente. Reuniu colaboradores e solicitou estudos matemáticos para determinar estatisticamente a incidência que, numa série de fatos, poderia ser atribuída à mera coincidência e a partir de que ponto começavam a surgir resultados significativos.

Esse critério, inicialmente posto em dúvida por críticos meio apressados, depois legitimado num congresso de matemáticos, foi aplicado às pesquisas com o baralho Zener.

Este baralho consta de 25 cartas em cinco grupos distintos e simbolizados. Cada carta tem um símbolo impresso: círculo, quadrado, cruz, linhas onduladas e estrela. Há vários testes possíveis com ele.

31. Os testes

Um dos testes consiste em fazer a pessoa procurar 'adivinhar' quais as cartas que vão sendo retiradas do baralho, sem virar a face impressa, naturalmente. As respostas são anotadas e depois se confronta o resultado dos 'palpites' com a sequência real obtida.

Outro teste consiste em fazer a pessoa declarar em que sequência julga estar todo o baralho empilhado à sua frente. Variadas são as combinações e muitos os controles estabelecidos.

Considera-se a pessoa que acertou a posição de cinco cartas na sequência de 25 como tendo alcançado resultado explicável por mero acaso. A partir daí a incidência começa a ser significativa. Há, porém, indivíduos que acertam imperturbavelmente a posição de *todas* as 25 cartas. A *chance* de um resultado desses ter sido devido ao acaso é uma fração de tão impressionante insignificância que se declara o resultado explicável pelo exercício de uma faculdade extrassensorial na pessoa experimentada. É o que Rhine chamou de ESP (*Extrasensory perception*).[34]

34. Percepção extrasensorial. (N.E.)

Quis ele também estudar a possibilidade de ser a matéria influenciada da maneira sensível pelo pensamento. Após uma série bem extensa de experiências com dados de jogo, nos quais a pessoa procurava conscientemente influir, pelo poder da vontade apenas, na posição em que o dado deveria cair, chegou a resultados que definitivamente comprovam a viabilidade de ser a matéria influenciada pelo pensamento. Chamou isso de telecinésia, um arranjo de palavras gregas que significa movimento à distância.

32. Tempo e espaço

Com o correr dos trabalhos e com as variações que introduziu, o dr. Rhine determinou ainda que o ser humano pode (ou, pelo menos, certa percentagem de pessoas podem) simplesmente ignorar barreiras de tempo e espaço. Há quem consiga, por exemplo, prever em que sequência vai ficar o jogo de cartas depois de embaralhadas mecanicamente. Há quem possa transmitir e receber imagens de um ponto a outro, seja no mesmo aposento, em salas distintas, em diferentes prédios da mesma cidade e até além. Aparentemente, diz o dr. Rhine, não há limite geográfico que impeça a produção do fenômeno.

A esse conjunto chamou de faculdade *psi* – sempre a velha letra grega.

33. Trinta anos de pesquisa

O dr. Rhine também criou a sua terminologia e recebeu a tiara da *nova* ciência velha a que chamou de parapsicologia, um bonito nome, afinal de contas.

É extraordinário, porém, que após mais de 30 anos de pesquisa em torno de manifestações legítimas produzidas pelo espírito humano, o dr. Rhine ainda não esteja em condições de declarar a existência do espírito, muito menos a sobrevivência dele. Prefere identificar as suas faculdades *psi* com o que chama de *mente*.

Em suma, declara ele estar convencido de que a *mente* (leia-se espírito) possui faculdades que transcendem as limitações de tempo e de espaço. A questão é que isso já sabíamos há um século e até mais, se quisermos recuar aos tempos em que esse conhecimento era inteiramente iniciático.

Por isso, ficamos com direito de concluir que em matéria de pesquisa psíquica a ciência acadêmica está andando em círculos, há um século, fascinada pelo movimento da sua própria cauda, crente de que é a cauda que sacode o cão. Se continuarmos nessa rotina, vamos ter a repetição exata do caso Richet: daqui a uma década ou duas, recai a parapsicologia no museu das velharias inúteis, onde fará companhia à sua irmã mais velha – a metapsíquica. Decorridos mais alguns anos – quantos? – um novo Richet ou um novo Rhine vão retomar o problema, examiná-lo por novos processos, sob a luz de novos conhecimentos, empregando novas técnicas e concluir novamente que a criatura humana possui faculdades que transcendem limitações de tempo e espaço...

E daí? Vamos ficar presos a esse círculo vicioso? Ou vai acontecer algo como o que ocorreu com o hipnotismo? Com este também se deu a saga do reconhecimento científico.

35. Em sua obra *Memória cósmica*, de 2008, o autor traz um novo olhar, ao comentar que Mesmer "foi claramente vitimado por uma deliberada conspiração de silêncio. Infelizmente, ainda hoje é considerado com desconfiança, como se fosse um vulgar charlatão". E recomenda, "com entusiasmo, o livro *Mesmer – a ciência negada e os textos escondidos*, de Paulo Henrique de Figueiredo, um livro que coloca as coisas no devido lugar, ao recorrer a textos ignorados por cerca de duzentos anos." (N.E.)

O primeiro que – nos tempos modernos – experimentou com o que chamou de magnetismo animal foi Franz Anton Mesmer, tipo curioso, algo excêntrico, mas grande e lúcida inteligência e médico formado. Por meio de passes, de olhares especiais e de toques de uma varinha, propunha-se a curar qualquer espécie de doença. E curava muitas delas. Imaginou depois uma engenhoca chamada *baquet*, que consistia numa tina cheia d'água e de limalha de ferro, de onde emergiam cordões que os seus clientes seguravam para receber o tratamento magnético. Mesmer, como um mágico, passeava entre eles à meia-luz do salão, vestido num amplo robe de inusitada coloração. Muita gente se curou de fato e a frequência à *baquet* virou uma espécie de obrigação social de gente elegante. Não havia parisiense que se prezasse que não fizesse a sua visita semanal ao salão de Mesmer da mesma forma que se ia à opera ou aos restaurantes da moda.

No fim, depois de um exame, um grupo de cientistas em relatório algo controverso pronunciou sua sentença inquisitorial sobre Mesmer e aos poucos sua figura foi desaparecendo no horizonte e com ele o seu magnetismo animal. O leitor, por certo, deve conhecer sobre Mesmer e suas ideias na obra de Stefan Zweig intitulada *A cura pelo espírito: Mesmer, Mary Baker-Eddy, Freud*.[35]

34. Hipnotismo

AO CABO DE mais alguns anos, outro médico, desta vez um inglês chamado James Braid, retomou o estudo do problema. Mais sóbrio do que Mesmer, examinou o assunto com bastante serenidade e critério, criando para designá-lo a palavra hipnotismo que bem ou mal vem servindo até hoje.

Houve, a seguir, um recrudescimento dos estudos em torno do fenômeno por toda a Europa. Há muita literatura a respeito e alguns livros sérios e equilibrados de mistura com muitos que de nada valem e para nada servem senão para estabelecer maior confusão ainda. Entre os primeiros, sinto-me seguro em recomendar ao leitor – se conseguir obtê-la, a obra de outro inglês ilustre, também médico, o dr. J. Milne Bramwell, intitulada *Hypnothism – its history, practice and theory*.[36] É um clássico. Modelo de clareza expositiva, de método de trabalho e de serenidade. Digo isto perfeitamente à vontade porque Bramwell, contrariando o ponto que defendo, recusa formalmente a hipótese da existência do espírito e sua sobrevivência, o que é lamentável num homem que chegou tão perto da verdade integral.

36. *Hipnotismo – sua história, prática e teoria*. (N.E.)

Também em Paris o professor Charcot, na famosa Salpêtrière, experimentou e estudou o fenômeno, divergindo da chamada Escola de Nancy quanto à interpretação do seu mecanismo, embora os resultados fossem praticamente os mesmos.

Depois dessa fase de erupção, a hipnose entrou novamente em recesso até que foi retirada do porão das velharias, escovada, lavada, renovada, a fim de poder penetrar sob as augustas criptas da ciência acadêmica. Anda agora por aí, em consultórios médicos e dentários, em hospitais e salas de aula, tendo sido retirada, como convinha, das mãos dos hipnotizadores de palco. Mas ainda se conhece pouco do fenômeno em si, que continua a ser considerado irmão gêmeo do sono fisiológico.

De minha parte, alimento fundadas esperanças na prática da hipnose para fins médicos, especialmente no vasto e inexplorado ou mal explorado campo da psicologia. Aos poucos se irão acumulando conhecimentos suficientes ao seu melhor esclarecimento e que permitam emprego mais seguro e mais amplo desse valioso instrumento de pesquisa.

Os procuradores de Deus

35. Surpresas de um hipnotizador

Não faz muito tempo li um livro intitulado *Explorations of a hypnothist*.[37] Seu autor é o médico dr. Jonathan Rodney, especialista em alergia que começou a empregar a hipnose em sua clínica, com excelentes resultados, não apenas no tratamento da alergia, mas de outras disfunções orgânicas.

Um dia o dr. Rodney tropeçou no imenso vulto do espírito e não soube o que fazer da sua descoberta.

Foi o seguinte: uma paciente sua, senhora inglesa, casada, de modesto nível cultural, ele induziu à hipnose e procedeu à regressão de memória. Uma ligeira explicação para o leitor não familiarizado com o fenômeno:

Depois que o paciente se encontra em estado de hipnose profunda, no estado a que os entendidos chamam usualmente de sonambúlico, o operador pede ao paciente (no caso de 30 anos de idade) que recue a sua memória ao tempo em que tinha 29 anos; depois aos 28 e assim lenta e sucessivamente até à adolescência e à infância. O paciente vai como que revivendo aqueles períodos. Toda a sua memória, dos mais insignificantes eventos, se apresenta novamente, com lucidez impressionante. Se, por vontade própria ou mediante recomendação do hipnotizador, se fixa num período em que esteve doente, sente outra vez as aflições e angústias da doença, como também experimenta novamente a euforia dos momentos de felicidade.

Pois bem, o dr. Rodney regressou a sua paciente (ou regrediu, se preferem) até à mais tenra infância, pedindo-lhe que se integrasse nas emoções da sua vida intrauterina. Automaticamente ela tomou a posição fetal, estendida sobre o sofá.

De repente, todo o seu corpo se distendeu e entrou em estado

37. As explorações de um hipnotista. (N.E.)

de absoluto relaxamento e a senhora inglesa disse, em excelente francês:

– *La reine est morte...*[38]

Mal recuperado de sua perplexidade, o médico travou um diálogo dos mais estranhos com a paciente, perguntando-lhe em inglês e recebendo respostas em francês. Da conversa se depreendeu que o doutor falava com uma pessoa (Quem?) que havia sido contemporânea da Revolução Francesa e, no que parecia, nada a impressionara tanto quanto a execução de Maria Antonieta.

– *La pauvre reine*[39] – dizia ela.

Essa pessoa era uma mulher ainda jovem, chamava-se Marielle Pacasse, era casada com um quitandeiro ou vendeiro e o ajudava no balcão. Declarou sua idade, endereço, nome do marido e outras informações, algumas das quais o médico pôde verificar depois, através de amigos em Paris.

Curioso que ao perceber que a paciente falava francês, perguntou-lhe o médico porque não se expressava em inglês; a reação foi imediata e violenta. Retruca o médico:

– Mas a senhora não é inglesa?

– Eu, inglesa? Eu não. Sou francesa. Detesto os ingleses, *ces cochons!...*[40]

Depois disso a paciente foi despertada e interrogada sobre se lembrava algo do que havia ocorrido. Declarou recordar-se vagamente de um 'sonho' que tivera e que tratava da Revolução e da execução de Maria Antonieta. Num teste rápido, o médico verificou que, em estado de vigília, a paciente *não* sabia francês, confessando que não tivera instrução suficiente para isso.

Em outras ocasiões, o doutor Rodney submeteu a sua paciente ao mesmo procedimento – sempre testemunhado pela sua enfermeira – e a história era idêntica. Chamava-se Marielle Pacasse e vivia em Paris, durante a Revolução etc. etc.

38. A rainha está morta... (N.E.)

39. A pobre rainha. (N.E.)

40. Aqueles porcos! (N.E.)

Os procuradores de Deus

Outros casos teve o doutor. Exemplo dramático foi o do cidadão que sofria de uma deformação psíquica algo fantástica que o levava a sonhar com frequência que bebia sangue humano. Algumas vezes, para desgosto seu, inclusive, fora apanhado tentando atingir com os dentes as veias de pessoas adormecidas.

Praticando nele a hipnose, o médico fê-lo recuar à infância e depois a uma época antes do seu nascimento. O paciente declarou, então, num inglês antiquado e coloridamente coloquial, ser súdito de Charles II que sucedeu ao seu pai Charles I, decapitado em 30 de Janeiro de 1649. Declarou também o seu nome e sua profissão: era dono de uma estalagem, a meio caminho entre Saint John e Stanton. O conhecimento que tinha memorizado era o da época. Quando o doutor perguntou-lhe onde dormia, respondeu que numa cama. Mas não era isso que ele desejava saber: queria saber se era num quarto (*bedroom*). O paciente desconhecia o sentido daquela palavra. A custo entendeu o que o médico perguntava e respondeu que dormia numa câmara (*chamber*). Também não conhecia o café, nem o chá; sua bebida ocasional era a cerveja.

Como o homem ficou bom da sua psicose, o doutor provavelmente o dispensou sem procurar pesquisar mais o fenômeno da regressão de memória, o que foi lamentável.

36. Regressão de memória

Antes de especular em torno das pesquisas do dr. Rodney, desejo referir outros episódios.

O fenômeno da regressão de memória, via hipnose, não é novo. Já no século passado, um pesquisador francês, o coronel e engenheiro Albert de Rochas realizou nesse terreno interessantíssimas pesquisas. Também um espanhol chamado Colavida estudou o problema.

O coronel Rochas, por regressões sucessivas, provocadas por passes longitudinais, fez vários pacientes remontarem a acontecimentos remotíssimos da história.

O problema experimentou um daqueles ressurgimentos: inúmeros pesquisadores pelo mundo afora estão fazendo seus estudos. Um dos mais dramáticos e publicizados, foi o chamado caso Bridey Murphy, apresentado por um homem de negócios americano por nome Morey Bernstein. Seu livro – *The search for Bridey Murphy*[41] – provocou enorme celeuma, não faltando – como nunca falta – nenhuma espécie de 'explicação', hipótese e até ridicularia com a finalidade de reduzir o seu impacto. Como sempre acontece, mesmo recusando uma grande porção do livro, há nele um resíduo irredutível que não pode ser posto à margem. Ademais, se este caso não oferece evidência suficiente, há outros em condições de fornecê-la. A verdade é uma espécie de Hidra[42] – não adianta cortar-lhe uma das cabeças que surgem outras.

41. *A busca por Bridey Murphy*. (N.E.)

42. Animal fantástico da mitologia grega com corpo de dragão e cabeças de serpente que podem se regenerar. (N.E.)

43. *Deus abençoe o demônio*, traduzido pelo autor como *Muito além da morte*. (N.E.)

37. Experiências recentes

Nesse ponto posso dar testemunho pessoal. Meu amigo Luís J. Rodriguez tem dedicado anos de sua vida à pesquisa do problema. Os primeiros resultados dos seus estudos estão condensados no livro *God bless the Devil*,[43] que traduzi do inglês. Luís Rodriguez é cidadão americano, natural de Porto Rico. Vive no Brasil há cerca de quarenta anos.

Por discordar das teorias da hipnose clássica que atribui tudo à sugestão, Rodriguez desenvolveu um método próprio de indução e chamou-o de hipnometria. Para demonstrar suas teorias, tem nos seus arquivos vários quilômetros de fita magnética em que gravou inúmeros casos de regressão de memória.

Colocado o paciente em estado adequado, Rodriguez leva-o por regressão, até ao dia do nascimento. O paciente, de modo geral, descreve com facilidade e precisão a cena: o aposento onde nasceu, os cuidados prestados à mãe, se era dia ou noite, a fase da Lua, condições atmosféricas, dia da semana – informações essas que não nos ficam na memória consciente.

38. A DRAMÁTICA PERGUNTA

Ao cabo dessas preliminares, Rodriguez costuma fazer uma pergunta nestes termos:

– Você acha que está nascendo pela primeira vez ou já viveu antes?

É um momento dramático, leitor. Às vezes – e com que frequência! – o paciente precisa vencer suas inibições da vida de vigília, na qual, como membro ativo de uma das religiões ortodoxas, não deseja admitir nada que não se conforme aos dogmas. Um desses pacientes, cuja gravação ouvi, devolveu-lhe a pergunta numa voz profunda e grave:

– Por que perguntas?

– Está ou não nascendo pela primeira vez? – insiste Rodriguez.

O homem reluta ainda – é, na vida prática, um dentista de origem alemã, protestante e expressa-se em castelhano. Por fim, começa a custo a descrever uma existência anterior que teria vivido na Espanha, como monge católico.

Outro paciente, um negro norte-americano, vive a tragédia da cor e sofre impulsos autodestruidores. Em transe hipnométrico (para respeitar a expressão de Luís Rodriguez) revelou toda a sua revolta por ter de suportar uma existência inteira metido no que lhe parece ser a humilhante condição de negro. Na primeira experiência, nem mesmo deseja 'regressar' ao seu corpo físico que olha à distância como uma prisão infame e que trata com incontida repulsa, chamando-o pela terceira pessoa como se fosse uma coisa, um objeto.

Com a continuação dos trabalhos, revelou que tendo vivido na Itália uma existência brilhante, em que foi membro de uma corte real – embora não tivesse sangue nobre – não se conformava agora com aquela vida obscura. Num extenso diálogo, Rodriguez o convence de que sua existência como negro americano é necessária ao reajuste do seu espírito, para que aprenda a dura lição da humildade, resolvendo assim aquilo que os antigos hindus já chamavam de compromissos cármicos.

39. Humildade intelectual

Declarações recentes, do campo estritamente científico, da parte do professor tcheco dr. Milan Ryzl, esclarecem que a indução hipnótica revelou-se precioso instrumento de pesquisa no sentido de que através dela se pode desenvolver em qualquer pessoa a faculdade *psi* a que se refere Rhine, em vez de trabalhar apenas com os indivíduos que a tenham espontaneamente.

Para homens como Luís J. Rodriguez nada há de novo aí – já o sabíamos – mas é bom que os próximos cientistas o digam.

Afinal de contas, esse tipo de trabalho é feito, em grande parte, por homens de negócio como Bernstein e Rodriguez ou escritores e profissionais liberais não médicos, mas o ideal é que a própria medicina se interesse por eles e os estude com coragem, critério e sobretudo com humildade intelectual, disposta a aprender, aceitar e proclamar a verdade, qualquer que seja ela, doa a quem doer. A verdade só dói àqueles que se acham cobertos por uma crosta a que poderíamos chamar de ilusão do conformismo. Os próprios pesquisadores leigos reconhecem e proclamam essa disposição, como o tem declarado enfaticamente Rodriguez. Não tem ele feito outra coisa nessa direção, senão procurar, como se diz, 'sensibilizar' os círculos médicos para a questão. Os leigos estão aí simplesmente preenchendo o que antes era um vácuo. A natureza – já se dizia há muito – aborrece o vácuo e este é um dos mais inconcebíveis, porque diz respeito à própria essência do espírito humano. Que de mais fascinante, necessário e urgente se pode pesquisar senão os próprios mecanismos do espírito?

40. O FENÔMENO DO DESPRENDIMENTO DO ESPÍRITO

PARA O LEITOR não familiarizado com estes aspectos da questão darei um resumo do que entendo, depois de observar pessoalmente inúmeros casos:

1. A teoria da sugestão hipnótica fica, neste fenômeno, totalmente desmoralizada. Isto não é novo. Bramwell o afirma e comprova, desde 1903. O paciente em transe profundo não é

inconsciente, subordinado à vontade do operador. Ao contrário, discute, discorda e se recusa a dizer e fazer o que estiver ao arrepio do seu espírito.

2. Dá-se com a indução do transe um desprendimento do espírito. O leitor, ainda que cético, precisa admitir aqui, mesmo como hipótese de trabalho, a ideia fundamental de que somos uma entidade integrada, composta – se assim podemos dizer – de duas partes: um conglomerado celular material denso que é o corpo físico e um corpo de material infinitamente mais sutil, a que os orientais chamavam de corpo astral ou duplo etérico e o apóstolo Paulo, de corpo espiritual. No transe, a contraparte espiritual se desprende da material, mantendo nesta um estado de vida vegetativa semelhante ao do sono fisiológico.

3. Nesse estado de desprendimento, o espírito não apenas se desloca no espaço, no que praticamente não conhece limites – como no tempo. Pode assim, verificar e descrever sem mover o corpo físico e sem abrir os olhos, o que se passa à sua volta, no cômodo ao lado, em outro prédio ou em outra cidade ou país. Da mesma forma, e com a mesma facilidade, tem acesso aos seus maravilhosos arquivos mentais. Sendo do seu interesse, socorre-se das informações registradas em algum ponto extradimensional da sua memória em qualquer tempo das suas existências pregressas.

4. Nesse estado, o espírito não apenas está na posse de toda a sua lucidez e de todos os seus conhecimentos que até então adquiriu, como revela padrões éticos e seriedade bem mais apurados do que aqueles que traz na vida de vigília.

5. Queira ou não queira o leitor, acredite ou não o próprio paciente, entra ele em contato com seres espirituais que já viveram na Terra em corpos físicos como qualquer um de nós. Esses seres falam com ele, transmitem-lhe informações e sugestões; ajudam-no nos seus deslocamentos e no seu trabalho

de pesquisa na memória integral. Mais ainda, enquanto dura o desprendimento, os seres espirituais podem inclusive, servir-se do corpo físico do paciente para transmitir aquilo que desejam revelar, tal como – mal comparando – nos servimos de um sistema eletrônico (microfone, amplificador e alto-falante) para transmitir nossa palavra. Em outros casos, simplesmente projetam numa espécie de tela ou quadro um texto que o paciente lê.

6. Ao retornarem ao seu corpo físico, alguns guardam na memória lembrança fragmentária do que disseram e fizeram; outros têm lembrança mais nítida, enquanto os demais, que parecem maioria, de nada se lembram, precisando ouvir a gravação para saberem de que assunto trataram durante o desprendimento.

7. Durante o desprendimento, o espírito sente-se maravilhosamente bem, num estado de euforia e lucidez extraordinário. Raro é o que não encara com desgosto a perspectiva de despertamento, especialmente quando enfrenta na vida de vigília problemas que, no estado de liberdade espiritual, compreende em sua exata perspectiva.

8. Embora ainda pouco estudado, está demonstrado que o estado de desprendimento faculta tratamentos no corpo espiritual que repercutem no corpo físico, corrigindo disfunções de origem psicossomáticas e até puramente físicas.

Eis os fatos, leitor. Desculpe se você não pode aceitá-los. Eu é que não os posso fazer diferentes. Se você é dos que acreditam no ditado inglês de que a prova do pudim está em comê-lo, bom proveito: faça o seu próprio pudim, ou seja, submeta-se à experiência na posição de hipnotizado ou de hipnotizador. Tire suas próprias conclusões, monte suas próprias hipóteses. Mas, pelo amor de Deus, não negue a coisa aprioristicamente, que me dá o direito de duvidar daquilo a que chamo de sua humildade intelectual.

41. Superestrutura filosófica alicerçada nos fatos

Esses fatos sustentam na parte experimental um majestoso edifício filosófico que pouco a pouco foi-se revelando aos olhos daqueles que há cem anos vêm estudando o fenômeno com os "olhos de ver" de que falava o Cristo.

Não pretendo aqui repassar os argumentos contrários ou favoráveis à existência do espírito como entidade consciente, dotada de razão, sentimento e volição. Há inúmeros livros que tratam do problema. Também não pretendo sugerir obras de autores espíritas para que não se diga que recomendo depoimentos unilaterais. Fora da literatura espírita há também trabalhos sérios de autores aos quais não assentam os rótulos costumeiros de leviandade, ingenuidade ou partidarismo. O leitor interessado busque Lodge, Conan Doyle, William Barrett, Aksakof, Ernesto Bozzano, Camille Flammarion, Gustave Geley, Epes Sargent – a escolha é ampla. Deixo à margem os que, não menos dignos que esses, nem menos brilhantes, inclinaram-se desde o início pela chamada hipótese espírita: Léon Denis, esse maravilhoso filósofo-poeta, Paul Gibier, Gabriel Delanne e tantos outros que escreveram obras nitidamente e doutrinariamente espíritas. Também não pretendo impingir Kardec[44] a ninguém. O leitor irá a ele quando sentir que deve e precisa da sua meridiana clareza expositiva e do seu lúcido raciocínio lógico.

Cabe a você decidir. Minha função aqui não é fazer proselitismo, pois entendo que conceituação doutrinária é questão de maturidade. A fruta só tem açúcar quando colhida no tempo certo e perfeitamente madura. Antes disso, nos sabe sempre ácida. E a verdade do espírito, que se dissolve na acidez do verdor, alimenta-se da doçura da maturidade.

44. Sob o pseudônimo de Allan Kardec, o influente educador, pesquisador, autor e tradutor francês Hippolyte Léon Denizard Rivail notabilizou-se como o fundador do espiritismo, que tem como marco inicial a obra *O livro dos espíritos*, publicada em 18 de abril de 1857. Foi discípulo de Johann Heinrich Pestalozzi e um dos pioneiros a propor uma investigação científica, racional e baseada em fatos observáveis, das experiências espirituais. (N.E.)

42. A PROVA PROVADA

PORTANTO, LEITOR, A decisão é sua, repito. Como dizem os ingleses: *Take it or leave it!*[45] Leia e conclua ou não leia por comodismo, indiferença, temor... O problema é inteiramente seu. Uma coisa apenas desejo gravar no fundo do seu ser e nisso não posso deixar de ser o mais enfático possível: a prova provada da existência do espírito, na fase atual do nosso conhecimento, você obterá irrecusável e definitiva *depois que morrer*. Mas não é necessário esperar por isso. Há mais de um século, pelo menos, temos à nossa disposição recursos mais inteligentes de admitir essa realidade.

Como dizia e insisto, compreensão é decorrência direta do grau de maturidade espiritual. Para uns a existência do espírito é tão óbvia e até necessária que dispensa a prova material. Há os que nem cogitam de assistir a uma das sessões chamadas de materialização para aceitarem segura e tranquilamente a realidade do mundo póstumo. A outros, seres humanos materializados apertam as mãos, acariciam, deixam lembranças palpáveis e visíveis, como moldes de cera, flores e objetos que antes ali não estavam; permitem-se pesar, medir, tirar a temperatura, contar as pulsações do coração, fotografar e o pobre cético continua agarrado irremediavelmente ao vulto das suas ilusões, vazias e estéreis, mas familiares; recusadas pela lógica, mas amparadas por velhas e superadas fórmulas dogmáticas religiosas ou científicas.

A prova que muitos desejam lhes será fatalmente apresentada pelo próprio curso dos acontecimentos, como já o foi em passadas vidas.

Em junho de 1866 agonizava em Paris um sereno *gentleman* inglês. Vivera 85 anos de uma existência algo sofrida, mas esse sofrimento fora aceito sem grandes revoltas, com espírito filosó-

45. Tome-o ou deixe-o! (N.E.)

fico. Ao filho – o grande poeta Robert Browning – que o assistia no transe, perguntou o velho:

– Que você acha que é a morte, meu filho? Será uma espécie de pontada ou assim como um desmaio?

Não sabemos da resposta do genial poeta, mas a verdade é que depois da pontada ou do desmaio, vem a realidade última: o espírito – se ainda não sabia ou não queria saber – descobre que a grande ilusão não é a morte, senão aquilo a que chamamos vida. Reconhece, como o Santo de Assis, que morrendo é que nascemos. Comparada à limitada consciência da vida na carne, a existência espiritual é um abrir-se desmedido de horizontes para o espírito esclarecido de sua condição.

43. Causa e efeito

Vamos, porém, devagar. Como não creio que o leitor deseje ficar à espera passiva dessa prova final e como confio na sua inteligência, continuaremos nossa conversa. Está você, entretanto, avisado de que parto dessa premissa fundamental: a existência do espírito, deixando a você o trabalho e o cuidado de examinar a evidência empilhada até agora. Afinal de contas, não sei por que se clama tanto por *provas* da existência do espírito quando sequer cogitamos de colocar em dúvida a existência do sino, quando ouvimos o Angelus às seis horas. É difícil, leitor, escapar à férrea lógica da lei de causa e efeito. Estamos cercados de sinais evidentes de uma realidade que se impõe, que se insinua, que grita, mas cuja causa não há como situar num sistema de células, por mais extraordinárias e maravilhosas que sejam. Há limites para o que podemos atribuir à célula nervosa. Uma combinação físico-química de carbono, oxigênio, hidrogênio e nitrogênio, como traços de fósforo e outras substâncias, não pode obviamente conceber a ideia e transmiti-la por processos puramente materiais ou através do espaço, sem nenhum apoio físico aparente. O pensamento, força imponderável, imensurável, sutilíssima, situado numa faixa vibratória elevadíssima, não pode resultar da vibração celular que lhe é infinitamente inferior em grau. É da lei física. A energia pode degradar-se, mas não escalar um patamar que lhe está acima.

44. O MOMENTO DA VERDADE

Estamos, pois, entendidos acerca desse aspecto: a existência do espírito. O leitor pode conservar a sua dúvida em quarentena à espera da prova real da morte; conceda-me, porém, a oportunidade de expor a minha mercadoria e, para usar uma deliciosa expressão inglesa, *browse around*.[46] Examine as ideias, como coisas. Tome-as mentalmente ou não aceite nenhuma, não importa. Tanto faz aceitá-las como não, você não se livrará da realidade final, do momento da verdade, quando, abandonado por imprestável o casulo do corpo físico, você descobrir essa coisa extraordinária – que continua *vivo!*

46. Navegar ao redor. (N.E.)

45. Gênese e destinação do espírito

A existência do espírito pressupõe inicialmente duas ideias que a integram necessariamente: sua preexistência e sua sobrevivência ao que chamamos de vida terrena.

Como já ficou dito alhures neste trabalho, não me parece que estejamos ainda em condições de discutir a gênese do espírito, nem a sua destinação final. Podemos, entretanto, reconhecer, *o que não é possível* admitir perante a lógica, como explicação dessas duas condições extremas do espírito.

A segunda, isto é, a destinação póstuma do ponto de vista ortodoxo, já está discutida – creio eu com suficiente indicação para concluir pela sua inaceitabilidade: não podemos admitir nem inferno nem céu eternos. A desproporcionalidade do prêmio e do castigo aviltariam por igual a concepção de justiça e do equilíbrio cósmico, mesmo abstraída a ideia de Deus, e o leitor já sabe que não dispenso a realidade divina. Outros absurdos insustentáveis se encontram na concepção dessas ingênuas instituições dogmáticas, inteiramente desvitalizadas pelo progresso intelectual do homem, da mesma forma que a cosmogonia antiga foi superada pela medieval e esta pela moderna. O conhecimento é essencialmente cumulativo e evolutivo. Não há força humana que consiga reter por muito tempo a sua marcha inexorável. Às vezes, homens e instituições se agarram de unhas e dentes a certas ideias, mas ao fim de longo tempo, acabam por descobrir, muito surpresos, que estavam simplesmente segurando cadáveres ideológicos irrecuperáveis e irressuscitáveis. É lamentável que tanta gente vá ao fundo da correnteza arrastada por esse peso morto a que se liga obstinadamente, certa de estar, muito ao contrário, suspensa a uma providencial tábua salvadora!

Ainda voltaremos ao assunto para discutir quais as consequências éticas e religiosas do destroçamento dessas ideias de salvação e danação eternas.

Os procuradores de Deus

46. Preexistência

VAMOS NOS PRÓXIMOS instantes examinar a questão da preexistência do espírito. Para se abrir uma clareira nessa floresta teológica, precisamos logo abandonar a ideia do *fiat* criador no instante da concepção biológica. A aceitação desse preceito de que Deus cria uma alma novinha em folha para cada ser humano que entra em gestação é outra velharia superada e carcomida. A ser isso verdade, Deus seria injusto, frio e irresponsável, dando a uns não apenas beleza física como equilíbrio moral que a outros negasse, sem nenhuma razão aparente. A uns faria bons, justos, inteligentes, ricos, poderosos; a outros, mesquinhos, cruéis, obtusos e miseráveis. Estes ligaria a corpos físicos perfeitamente eugênicos e belos e àqueles daria um organismo deficiente, estigmatizado pelas deformidades, morada da dor física, do desconforto espiritual. A uns premiaria misteriosamente com o céu e a outros, não menos misteriosamente, criaria para as chamas de um castigo eterno. Se os destina previamente ao inferno, por que os criou?

47. A DÚVIDA AGOSTINIANA

ESSE PONTO NÃO escapou nem mesmo a certos doutores da Igreja. Não gosto de citar frases isoladas que muitas vezes só têm sentido no contexto geral, no conjunto da obra, mas o próprio Santo Agostinho, que tanto contribuiu para a sistematização desses dogmas, acha que quanto às almas que criava para a danação eterna só restavam a Deus duas alternativas: ou Ele sabia que aquelas criaturas iam para o inferno e então não era bom, ou não sabia e, portanto, não seria onisciente. Claro que Agostinho tenta explicar a coisa à sua maneira, mas não vamos aqui repassar a sua obra. É bastante invalidar a premissa pela certeza de que a consequência é insustentável filosoficamente. Se não há inferno – nem pode existir – Deus não é nem mau nem ignorante. Simplesmente não se enquadra nas hipóteses levantadas, nem se prestam seus atributos à montagem desse silogismo sibilino. Em suma, não ocorrem as hipóteses figuradas pela ausência do objeto a que se destinam.

48. O APRENDIZADO DA VIDA

O MECANISMO É outro – e este sim se harmoniza com a concepção de um Universo equilibrado, no qual o mal é apenas um incidente de pouca significação na escala cósmica. A verdade é que todos têm idênticas oportunidades de aprendizado e evolução. A escola da vida está igualmente aberta a todos nós, em todos os graus de aprendizado, desde o jardim da infância até os mais avançados cursos universitários. Caminhamos espiritualmente à medida que vamos sendo promovidos. Às vezes, repetimos determinadas séries, especialmente nas mais elementares, porque ao alcançarmos as superiores já temos mais desenvolvimento e senso de responsabilidade. De outras, simplesmente paramos, indiferentes ao fantástico ritmo evolutivo que vibra por todo o Universo à nossa volta. Jamais recuamos, porém. O conhecimento e a experiência que se incorporam à nossa personalidade, aos nossos arquivos, aí ficam indeléveis, ignorando nossos limitados conceitos de tempo e de espaço.

49. Atributos intelectuais e morais

Pela preexistência do espírito se explicam as diferenças de inteligência, de moral e de fortuna. O espírito que já traz na sua estrutura o conhecimento adquirido é mais facilmente predisposto ao aprendizado. Onde teria o menino Mozart aprendido toda a música que sabia ao cabo dos primeiros anos de vida terrena?

A precocidade, tanto no sentido do bem, das artes, das ciências, como na direção da crueldade, dos impulsos agressivos, não pode prescindir para sua compreensão da ideia da preexistência espiritual. As crianças que praticamente 'nascem sabendo' música ou matemática – e há disso exemplos a fartar – já viveram prolongadas e profundas experiências musicais e matemáticas. Também a que em tenra idade manifesta inclinação declarada para a maldade não é um monstrinho recém-criado por Deus, mas um espírito longamente endurecido na prática da crueldade.

50. A questão biológica

Por outro lado, a preexistência do espírito à sua vida terrena é uma necessidade biológica, além de ética ou metafísica.

De que maneira poderíamos entender a embriologia senão recorrendo à ideia da preexistência? Sei que há teorias bem imaginadas na biologia para explicar esse fenômeno, mas vejamos seu fundamento.

O problema é colocado da seguinte forma: um minúsculo óvulo, fecundado por um pequeno germe masculino, ambos imperceptíveis ao olho desarmado, desenvolve-se lenta e seguramente num ser humano. Os materiais que a mãe vai suprindo, sob a forma de células indiferenciadas, vai se organizando metodicamente. Aqui monta uma unidade nervosa, ali um osso, acolá uma fibra, uma cartilagem, um vaso capilar. Neste ponto surgem os olhos, naquele o aparelho digestivo, tudo no seu lugar certinho, sem enganos, sem desvios, sem hesitações a não serem os casos teratológicos.

Como é possível isso? Como é possível construir uma simples palhoça sem antes imaginá-la, traçar-lhe os planos, ainda que rudimentares?

Aqui, diz o construtor, vai ser a casa. Será voltada para aquela face do vale. Deste lado vai ser uma janela, ali uma porta. Nesta banda será o quarto; na outra, a cozinha. A parede será dessa ou daquela altura, a cobertura será de telha ou de sapé. É tudo criado antes, na imaginação. Finalmente é tudo executado conscientemente por alguém que tenha volição. Os materiais de uma casa, por mais humilde e tosca, não se agrupam espontaneamente e, mesmo agrupados, não se organizam automaticamente, ainda que na presença da planta. É preciso que alguma força inteligente os oriente naquele sentido específico, dê-lhes aquela disposição pré-decidida. Do contrário, os materiais, mesmo reunidos num ponto, são apenas um amontoado mais ou menos caótico de coisas.

A analogia é quase perfeita para o ser humano. O óvulo fecundado na intimidade mais reservada do organismo materno se desenvolveria – caso conseguisse – como um tumor, um mero amontoado celular disforme, se não tivesse a presidir a sua evolução embriológica a inteligência e a vontade do espírito renascente.

Pouco depois do momento da fecundação, o espírito destinado àquele corpo em formação, por escolha própria ou sob condições outras, começa a coordenar os materiais que através da mãe recebe do mundo físico exterior. Daquele instante até a

Os procuradores de Deus

morte, estará o espírito jungido àquele mecanismo material por laços, diríamos, magnéticos, elásticos, mas de uma resistência ainda não experimentada pela ciência.

O material de construção ali está e a pedra fundamental do edifício é lançada pelos pais do 'novo' ser, mas quem traz os planos da casa é o espírito. É o seu campo magnético, operando em faixas energéticas ainda inexploradas, que vai atraindo e retendo a substância necessária ao seu corpo físico. Esse campo magnético é, no plano invisível da matéria sutilíssima, quase nas fronteiras da energia pura, uma duplicata do corpo físico que se propõe a formar na Terra. É o molde no qual se derrama aos pouquinhos, no decorrer dos nove meses da gestação, o material plástico que vai permitir ao espírito operar e viver no mundo físico e nele exercer a sua ação direta.

51. Limitações à liberdade

O cristianismo prometeu tornar livres os homens; jamais prometeu fazê-los independentes.
W. R. Inge

É CLARO QUE há nesse processo formador algumas limitações à liberdade do espírito. Se o seu corpo se forma no ventre de uma mulher negra e seu pai físico é também um homem negro, o novo ser não poderá nascer branco. Mas nem aí o seu livre-arbítrio é violado porque – a não ser em casos especiais – o próprio espírito escolhe as condições sob as quais deve nascer.

Logo ao *morrer* da última vez e assim que se recuperou do

'desmaio' da morte, encontrou-se com amigos, também 'mortos', como ele e antes dele. Ajudado por outros seres espirituais, fez uma revisão dos seus atos, entrou na posse dos seus arquivos psíquicos e pesou na delicadíssima balança da consciência cada fato e cada ato que presenciou, de que participou ou de que teve a iniciativa ou a responsabilidade. Tudo está ali, sem faltar um suspiro, um grito de dor, uma gargalhada, uma lágrima, uma prece, uma crueldade, nem um gesto de nobreza. Conforme o seu grau de maturidade espiritual, não apenas a última existência é balanceada e revista, mas toda a série anterior, desde que a razão começou a amanhecer.

52. A SUPREMA SOLIDÃO

Dizia eu que esse é o momento da verdade. E também o da suprema solidão e da suprema perplexidade. Nesse autoexame impiedoso, o espírito exulta, lamenta, arrepende-se, planeja, compara, decide e espera. Vê lá atrás a estrada que percorreu, a perder-se na escuridão das suas desconhecidas origens e contempla à sua frente o caminho que se desdobra na direção da luz que ainda o ofusca e assombra. Diante da escuridão do passado, onde dormem seus atavismos dominados, o presente é um clarão confortador, mas na face do futuro cegante que lhe acena à distância, o presente ainda é de trevas, de ignorância, de imperfeições.

Ao passado não recua mais, porque tem medo de acordar a imagem de todas as imperfeições que povoam os porões do seu espírito, mas o futuro, tão elevado, lhe parece grandioso demais, inacessível como miragem a um sedento.

E para, atônito, a reexaminar seus problemas e suas perplexidades. A medir suas possibilidades e rever seus sonhos. Poderá? Ousará? Quererá?

Ao espírito aborrece a estagnação. Traz em si os ritmos universais da evolução e tem de prosseguir por imperativo da sua própria vontade na direção da luz. É com aquela claridade que vai eliminar as sombras da sua ignorância. É com ela que expulsará os últimos fantasmas do passado. É ela que lhe vai iluminar os caminhos da eternidade, do desconhecido, da serenidade, da sabedoria.

E então, reenceta a marcha, buscando para si mesmo, em nova experiência terrena, a série subsequente do seu curso de aprendizado.

De acordo com o resultado das suas especulações e dentro das contingências que os hindus chamam de cármicas, procura um novo embrião recém-iniciado e dele se apossa para mais um episódio da maravilhosa aventura da vida. Também aqui, nada é deixado ao acaso. Há arranjos e entendimentos prévios entre aquele que vai renascer e os seus futuros pais. Resultam esses contatos da operação de leis naturais que não podem ser desprezadas ou desobedecidas.

53. Recapitulação da experiência

Pouco a pouco, à medida que se completa o seu trabalho morfogenético, vão se 'smorzando' as vibrações perceptíveis da sua consciência integral. Assim como embriologicamente, no dizer da ciência acadêmica, o ser recapitula toda a sua multimilenar experiência biológica, surgindo de um ponto quase amebiano até à fase humana, também o espírito recapitula a sua experiência psíquica ao nascer de novo. Como que se lhe apaga a memória, o corpo físico, tal como poderoso redutor vibratório, verdadeiro transformador de corrente, reduz a um nível suportável a tensão fulminante da sua memória integral, reservatório imenso de desconhecidas energias, de visões seculares, de fatos espantosos, de perplexidades insondáveis.

Ao ser nascente – que afinal de contas é apenas um ser que se renova fisicamente – a lei cósmica entrega uma nova folha em branco para que nela recomece seus exercícios de reaprendizado da mesma e eterna ciência da vida.

Ali, tanto poderá ser escrito um poema de amor, como uma tragédia grega. Há também os que apenas fazem garatujas crípticas ou totalmente sem sentido, como existem os que a deixam em branco, numa vida inútil ou, pior ainda, os que rasgam a folha em transportes de irrefletida cólera ou covardia moral.

54. O RESGATE DAS FALTAS

Não é pois de admirar-se que tanta gente ao renascer receba um papel garatujado ou remendado ou faltando pedaços. As falhas de uma existência têm também seu mecanismo próprio de repercutirem na seguinte e até mesmo, nos casos mais graves, nas seguintes.

Nosso crédito perante a lei cósmica é elástico e imenso. Acertamos as nossas contas por um crediário paciente e tolerante, mas não menos inexorável. Nós próprios o desejamos assim, porque de certo ponto em diante na escala evolutiva só temos uma ânsia, a da perfeição, e só um jeito de alcançá-la: despojando-nos das nossas imperfeições. Fazemo-lo com um *rictus* que é metade gemido metade sorriso, porque a dor – moeda com que resgatamos o passado de falta – é a véspera da paz e da serenidade.

Quanto à busca da eternidade, essa é inócua, sem sentido e sem razão, pois já estamos nela, qualquer que seja a nossa crença ou descrença, o nosso estado evolutivo ou nível intelectual.

55. O SER INCONSCIENTE HEDONISTA E PRIMITIVO

Assim, recapitulando sua experiência psíquica, o ser nasce por assim dizer inconsciente até de si mesmo. Todo o seu esforço se concentra na egoísta autossatisfação. Está coerente com a tese do dr. Gustave Geley: é o ser inconsciente, no qual um estado consciente vai raiando aos pouquinhos. A ética ainda não participa da sua estrutura psíquica. É um ser puramente hedonista.

Nessa fase, que Freud chamou de *oral*, o pequeno ser só cuida de buscar prazer. Quer estar bem agasalhado, mas não deseja o calor. Quer alimento com a frequência necessária, mas não demasiado. Satisfaz cada necessidade fisiológica ao primeiro impulso, mas não deseja que os produtos do ato o incomodem. "Sem disfarce e bêbado de sono – diz Stefan Zweig no seu ensaio sobre Freud – quer fazer entrar em seu corpinho mole, tudo o que lhe faz bem." E mais adiante: "quer levar tudo o que os dedinhos alcançam à única fonte de volúpia que conhece: à boquinha que suga."

Aparentemente não passa de um pequeno e frágil animal que, abandonado à sua própria sorte, não suportaria mais que um punhado de horas mal vividas. E é para evitar isso que a lei criou o dispositivo do amor maternal. De qualquer modo, porém, é o ser primitivo, irracional, despreocupado da ética que desconhece, agressivamente egoísta, empenhado exclusivamente na satisfação dos seus impulsos. Se tivesse forças e maturidade física, seria um bárbaro da pedra lascada a tomar para si tudo quanto pudesse alcançar, desde o pão, à mulher alheia. Até o medo, esse remotíssimo sentimento, lhe falta. Dorme tranquilo no escuro, brinca sereno com uma serpente ou com um leão, enfrenta, indiferente, a cólera do pai e a fúria dos elementos.

Nada mais é preciso acrescentar a esse esboço para se ter a imagem psíquica do homem das cavernas. A única diferença está no físico: um dispõe de força e maturidade física; o outro não. No mais, são idênticos.

56. Processo de maturação

Pouco a pouco, entretanto, vai o espírito aperfeiçoando o seu mecanismo de expressão, seu instrumento de trabalho. À medida que se desenvolve o cérebro físico, começa a ter controle mais efetivo sobre o corpo, como se a porção mais nobre da sua experiência acumulada fosse lentamente assumindo a direção das atividades. Se essa parte nobre inexiste, então, em vez de melhorar, corrigir-se e reajustar-se ao meio, explode em impulsos de agressividade antissocial. Não que ele seja visceralmente mau como se diz – é que ainda não desenvolveu suas faculdades positivas, não aprendeu a ser bom. A poucos passos da fase que na vida psíquica corresponde à oral de Freud, só busca a satisfação egoísta dos seus impulsos, com a diferença de que – desgraçadamente para ele e para a sociedade – está biologicamente preparado para fazê-lo, ainda que espiritualmente imaturo. Como recapitula a sua experiência psíquica, só pode ir até onde ela vai. Além disso, ainda está por fazer o seu percurso...

57. A LENDA DO ATAVISMO BIOLÓGICO

AÍ ESTÁ o esboço do criminoso e é por isso que a ciência materialista busca em vão a gênese do crime na frenologia, no atavismo, na hereditariedade, na rejeição afetiva, na inibição, quando o problema é de deformação espiritual, ou melhor, de inconsciência ou imaturidade espiritual. O ser não é imoral, é amoral. Não fere a ética porque a despreze, mas porque a ignora.

Nessa ordem de ideias não se aguenta de pé a doutrina freudiana de que

> todo o desequilíbrio psíquico decorre geralmente de uma experiência pessoal geralmente erótica e mesmo o que chamamos *temperamento e hereditariedade* representa apenas acontecimentos *vividos por gerações anteriores e absorvidos pelos nervos.*

47. Publicado na Alemanha em fevereiro de 1931, é um dos primeiros estudos da obra de Freud realizada por escritor de fora da comunidade psicanalítica. (N.E.)

É o que está no *Freud*,[47] de Zweig, e os grifos são meus.

Extraordinário como os sábios mais lúcidos podem se deixar arrastar por ideias inteiramente contrárias à mais rudimentar lógica científica. Como poderiam acontecimentos vividos por gerações anteriores ser absorvidos pelos nossos nervos e produzir esse complexo mecanismo psíquico que se chama temperamento ou revelarem identificações com essa ciência ainda penumbrosa da hereditariedade?

Por que processos misteriosos, um acontecimento remoto como um cataclismo ou um obscuro sentimento de revolta pode impressionar toda a matéria intermediária, atravessar todos os momentos de tempo interpostos e vir impressionar os nervos de homem do século 20? Freud não explica.

Como também não explica de que maneira "carregamos no sangue os velhos instintos bárbaros e nenhuma cultura protege completamente o homem contra os súbitos lampejos desses anseios" (*apud* Zweig). Que sangue, meu Deus? Haverá no sangue humano, entre glóbulos brancos e vermelhos, alguma substância que sirva de veículo a esses velhos e misteriosos "instintos bárbaros"? Se há, por que a pesquisa biológica não a isola e elimina de uma vez para acabar com os anseios todos?

58. Passeio por águas freudianas

Já que estamos navegando águas freudianas, aproveito o ensejo para uma incursão mais longa nas suas ideias. Não que me arvore eu pessoalmente em árbitro delas. Desejo, mais modestamente, confrontá-las com as doutrinas que aceito a ver como se saem do teste.

Naturalmente que qualquer que seja a nossa opinião sobre as teorias da psicanálise, não há como fugir. A chamada ciência da alma se divide em duas épocas: antes de Freud e depois de Freud.

Coube a esse materialista, cético e ateu, cortar as amarras que prendiam a psicopatologia à cirurgia. Para os grandes especialistas da sua época, o tratamento das disfunções nervosas era à base de bisturi, lanceia e microscópio, como nas doenças puramente orgânicas. Se há nesse ponto alguma correção a fazer nas ideias freudianas é a de terem ultrapassado de muito o extremo oposto. É bem verdade que não se solucionam deformações psíquicas de bisturi em punho. Não é menos verdadeiro, porém, que o mecanismo físico deve ser também levado em conta. O ser humano na Terra é uma entidade integrada, um acordo temporário entre espírito e matéria e assim deve ser considerado sob qualquer ângulo que se o examine: médico, sociológico, ético, religioso e até mesmo metafísico. Se o espírito reage sobre a carne e de uma forma ou de outra, acaba por impor sua vontade a ela, também as mazelas orgânicas lançam sobre o espírito as toxinas da revolta, da depressão, da inibição. Da mesma forma, o corpo muito belo e admirado estimula no espírito a eclosão da vaidade. Digo estimula porque tanto os estímulos depressivos como os expressivos que vão do corpo para o espírito só se realizam neste se ali encontram condições ideais de proliferação. Não é o corpo que tem predisposição à vaidade ou à depressão – é o espírito. O corpo nada quer, nada sabe, nada vê, nada sente, nem decide – o espírito é que o comanda, através do maravilhoso computador eletrônico da mente. O corpo não é mais do que uma unidade de entrada e saída de dados, mas a parte nobre processadora que calcula, escolhe e resolve é o espírito. Ainda que limitando a área de ação do espírito, e por isso mesmo torna possível a interação deste e dos eventos ocorridos no mundo material.

Essa é a sua glória e a sua tragédia.

59. Espírito e matéria

Sem dúvida alguma é em Freud que começa para os neurologistas a libertação do espírito, inatingível pelo bisturi. O que aparece nos nervos ou nas glândulas mais intimamente ligadas às funções nobres do organismo não são causa das deformações psíquicas e sim efeito delas. O dr. J. B. Rhine já provou suficientemente, no fenômeno da telecinésia, que o espírito (não importa que ele o chame de mente) pode influenciar a matéria. Que não fará ele quando essa matéria está incorporada ao seu sistema psicobiológico, nele integrada, numa intimidade que só a morte virá dissolver?

60. O *ICEBERG*

TAMBÉM É FREUD que, tateando na escuridão, tropeçou no vulto imenso do que denominou inconsciente, distinguindo-o, como devia, da parte consciente que está às claras.

Essa distinção é essencial, é básica a todo o desenvolvimento posterior da sua doutrina. Por mais estranho que pareça, é aí precisamente que está a parte mais ampla, mais extensa e misteriosa do ser psíquico. Aí é que dormem as nossas recordações. Aí é que estão os nossos arquivos, os nossos fantasmas, antigas mágoas e esquecidas alegrias.

A velha imagem é inevitável, leitor: a memória integral é um vastíssimo *iceberg* a flutuar na amplidão escura dos mares. Apenas uma desprezível porção do corpo disforme do bloco emerge à superfície e sobrenada as vagas: é o consciente. A porção maior, mais importante, está abaixo da linha de flutuação e se esconde insuspeitada sob as agitadas águas: é o inconsciente.

Segundo Freud, é das profundezas abissais do inconsciente que brota esse poder sobre-humano que luta por dominar todo o ser. Para ele, o inconsciente está permanentemente empenhado numa campanha encarniçada de autoafirmação. Ele quer impor-se, quer realizar-se, quer flutuar para expor-se à luz do dia, sem ficar subordinado àquela diminuta coroa do consciente. Nesse esforço por afirmar-se e libertar-se da ação policiadora do consciente, o inconsciente – na concepção freudiana – elabora todo um sistema de códigos e de símbolos, uma linguagem sibilina, através da qual consegue iludir a vigilância do seu cão de guarda e emergir na consciência. É a linguagem dos sonhos, tão cheia de imagens artificiosas.

61. O SONHO

O SONHO, ALIÁS, é para Freud uma das poucas válvulas de escape, um dos minguados canais de manifestação do inconsciente. Também ele tem a sua linguagem própria, cheia de símbolos e imagens porque, segundo o professor vienense, mesmo dormindo o 'anjo da guarda' que policia as fronteiras entre o consciente e o inconsciente está sempre alerta e só passa ali ideia muito bem disfarçada, de contrabando.

Por isso, o sonho será excelente veículo de penetração no inconsciente. Por ele vamos aos porões da alma, decifrando aos poucos os motivos e impulsos que movem a criatura humana. E como não temos no porão senão motivos de duvidosa decência e impulsos não menos duvidosos, é lá que estão *recalcados* – expressão tipicamente psicanalítica – os nossos mais insatisfeitos e primitivos desejos. E todos eles anseiam por manifestar-se e tudo fazem, como se tivessem uma consciência própria, para burlar a vigilância da *censura* (outro termo técnico) e emergir sob forma de sonho. Em suma, este é quase que invariavelmente a manifestação de um desejo recalcado e que, de outra forma, não encontraria suas vias de expressão.

Os autores da escola freudiana ou seus apologistas declaram enfaticamente que essa história de ser o sonho a mera satisfação de desejos recalcados é a imagem incorreta que ficou na memória do grande público, mas que na realidade Freud teria evoluído dessa posição. No entanto, a argumentação deles nem sempre convence o leitor sob esse aspecto. No fundo, o homem seria um binômio de forças agressivas e libidinosas que, afinal de contas, pelo menos entendo assim, são irmãs gêmeas, complementares, enquanto que o sono, na colorida expressão de Zweig, seria o "sangradouro dos desejos recalcados".

62. O SONHO PROFÉTICO E O SONHO COINCIDENTE

MAS NEM TUDO é libido e nem tudo é satisfação de desejos recalcados ou censurados. Há o chamado sonho profético. A história está cheia deles, mas a gente costuma dar maior valor às impressões próprias ou àquelas que ocorrem com gente mais chegada a nós.

Um amigo meu sonhou que assistia ao casamento de um colega que há muito não via, com uma jovem que conhecia também de longa data. No seu sonho, de uma nitidez impressionante, via os noivos, os convidados e tudo o mais. O casamento realizava-se numa capela desconhecida, mas cujo desenho peculiar dos ladrilhos chamou a atenção do meu amigo adormecido. Passados alguns meses, recebeu ele o convite para o casamento do colega com a moça do sonho. Sem dizer nada a ninguém, lá foi ele à cerimônia e assistiu estupefato à cena que já conhecia do sonho: as pessoas, o local e, por fim, os ladrilhos, naquela disposição especial que tão bem gravara na sua memória.

Podemos admitir, para raciocinar, que o meu amigo desejava o casamento do seu camarada com aquela moça, o que já seria de admirar-se, pois deles não tinha notícia há muito tempo, especialmente dela que conheceram ambos em criança. Mas e os ladrilhos? Como entrariam na teoria dos desejos recalcados?

Este é um exemplo dentre muitos. Como também há o sonho em que uma pessoa sonha com outra, diz-lhe determinada coisa e recebe uma resposta, da qual se lembra depois, ou discutem um tema de tal forma que se grava na memória do sonhador. Mais tarde, na vigília, descobre que também aquela pessoa sonhou com ela e discorreram sobre aquele mesmo assunto e trocaram tais e tais palavras. Desejo de um e desejo de outro coincidentes?

Não posso evidentemente alongar muito a exposição. Além disso, quem melhor que eu poderia fazer já o fez: o ilustre escritor Carlos Imbassahy, em vários pontos da sua brilhante obra esclarecedora, mas de modo especial, neste assunto, no seu ensaio *A psicanálise perante a parapsicologia*. Mesmo que o leitor não fosse atraído pelo assunto, já bastava o prazer de ler esse mestre da língua e da clareza expositiva.

Poderá ler também *Freud desmascarado*, de Emil Ludwig, traduzido pelo professor Almir de Andrade, ou deste professor, *A verdade contra Freud*.

63. Pensar com a própria cabeça

Não quero e não posso repetir Imbassahy. Desejava apenas – para não *recalcar* o desejo – resumir o meu ponto de vista acerca da psicanálise. Todo o mundo tem direito à sua opinião. É por pensar que os teólogos e somente eles podem dar palpites sobre teologia que estamos nessa embrulhada metafísica em que se converteram algumas das principais religiões. Nós, pobres criaturas humanas que não estudamos teologia, nem psicanálise, ficamos à mercê das suas teorias ou dos seus dogmas. Vamos pensar um pouco também, pois que o assunto diz respeito também a nós e não apenas a eles, os que se acham com direito e obrigação de pensar por nós e nos sacudir à frente do nariz um anel de grau ou um dedo canônico.

Não vale a pena resumir todas as doutrinas básicas da psicanálise. O leitor inteligente tem delas conhecimento ou pode recorrer às inúmeras obras existentes. São os atos falhos, os recalques, a libido, os complexos – cada qual mais horroroso, como o da castração, o de Édipo – o ego, o superego, a censura, a transferência, a inibição, todo um cortejo de termos hoje praticamente incorporados à nossa linguagem diária. Literatura e cinema encarregaram-se de propagar essa terminologia rebarbativa, ao nosso linguajar corriqueiro.

Sem dúvida que Freud foi um corajoso desbravador. E inegável também que não usou o motivo sexual das suas doutrinas para divulgar e popularizar as suas ideias. Era antes de tudo um cientista de grande probidade intelectual e de inatacável sinceridade. Mesmo os seus seguidores mais serenos reconhecem, porém, os exageros do seu pansexualismo. Nem tudo na estrutura psicológica do ser humano é agressão ou libido. Até os seus apologistas admitem honestamente que o processo catártico da psicanálise não é método seguro de resolver os problemas das deformações psíquicas. Ao contrário, é lento, praticamente imprevisível, tortuoso e exige muitíssimo, tanto do paciente quanto do analista. Às vezes, remexendo a imensa pilha de monturo, de refugo psíquico, que o paciente foi despejando desordenadamente para fora, o psicanalista emerge com uma fórmula que soluciona o problema. "Mas – diz Zweig – quantas vezes – espinhosa pergunta! – a psicanálise chega a uma solução tão perfeita? Tenho um grande receio – continua ele – de que tal coisa não se dê muitas vezes." E mais adiante: "A técnica psicanalítica de Freud, só isso é certo, está longe de representar a última palavra no domínio da medicina psíquica."

64. Hipnose e catarses

Zweig tem razão e não é difícil concordar com ele. Primeiro que em patologia ou psicopatologia não existe panaceia que resolva todos os problemas. Segundo, que faltaram a Freud certas intuições que o teriam levado realmente ao âmago da questão. Na minha humílima opinião, a mudança que o tirou do caminho que o levaria à integração das suas doutrinas começou quando ele abandonou a hipnose.

Para ele, a hipnose era uma espécie de gazua com a qual se penetrava clandestinamente no sacrário da personalidade humana. É curiosa esta atitude num iconoclasta como Freud... Também ele acreditava que no estado hipnótico suprimia-se a vontade do paciente e se abolia o seu pudor e isso não era de boa ética. Em vez de empregar os métodos de tortura da Idade Média, utilizava-se, para arrancar a verdade, o processo da hipnose. Era o que pensava. Por isso, preferiu as longas e exaustivas conversas desconexas, nas quais o analista fica esperando que caia no monturo das recordações a palavra mágica, o símbolo que faltava para compor o quadro clínico e lancetar o tumor psíquico.

Pela hipnose – a opinião agora é minha, leitor, e desculpe se não gosta dela – teria chegado mais rápida e mais seguramente aos seus objetivos e certamente os teria ultrapassado, pois que revelações muito mais espantosas lhe estavam reservadas. Em vez de encontrar um inconsciente lotado com os *recalques* de uma única existência terrena, iria encontrar lá, no imenso vulto do *iceberg* psíquico, todo o arquivo de uma cadeia enorme de vidas que vão desde o homem atual até às suas obscuras origens. Aí sim teria sentido a sua suposição de que trazemos no ser a experiência pessoal de acontecimentos vividos por gerações anteriores, o que de outra forma é uma heresia científica. Aí sim estaria totalmente confirmada a sua declaração de que a chave dos problemas humanos está no passado do homem. Não o passado que remonta à primeira infância desta única vida, mas o que se inscreveu indelevelmente na memória integral, nos arquivos de todas as existências vividas desde que começou a alvorecer a consciência.

As repercussões desse passado não vêm através do sangue, pela hereditariedade, nem representam atavismos biológicos inexplicáveis. Do ponto de vista psíquico, não somos herdeiros de ninguém, senão de nós mesmos. Somos hoje a soma do que fomos até aqui, como seremos amanhã o que fomos até hoje, mais o que se somar à nossa experiência daqui até amanhã. Nada se perde nem se cria nesse processo de acumulação de vivências. Tudo se passa como se também o mecanismo psíquico estivesse submetido ao princípio da conservação da energia. E deve estar...

65. O MASOQUISMO DE ROUSSEAU

AINDA QUANDO A gênese do 'complexo' ou da neurose se encontra presente na existência atual, menos mal. É esse, por exemplo, o caso muito citado de Jean Jacques Rousseau que – dizem

– por causa de uma paixão recalcada por uma professora agressiva e, segundo a doutrina de Freud, também recalcada, ficou com um complexo masoquista de que jamais se curou. Ainda não haviam inventado a psicanálise...

Duas perguntas podem ser feitas diante desse caso. Primeira: e se o fato gerador do problema não pudesse ser encontrado na existência atual? Segunda: mesmo que o tenha sido, será realmente aquela a causa do estado psicopatológico ou será que o espírito já trazia a sua predisposição e aquele fato apenas desencadeou o processo latente?

Enfim, leitor, como o espírito não morre, aquele que se chamou Sigmund Freud deve andar, ainda por esta altura e agora mais do que nunca, empenhado na decifração dos problemas psíquicos. Qualquer dia desses ele renasce aí, numa criança inteligente, estudiosa, decidida a dar prosseguimento à obra que iniciou (ou continuou?) ao tempo em que viveu como Freud.

C'est la vie,[48] dizem os franceses. E a vida não é uma só...

Também teriam sido diferentes as suas teorias acerca do sonho, esse fragmentário jogo de imagens cujo linguajar ele tentou dicionarizar. Como unidade integrada de dupla natureza – espiritual e física – o ser humano não é só libido e agressão. No sono, seu espírito se desprende e atua, caminha, discute, aprende, ensina, conversa, vive experiências múltiplas, a maioria das quais se gravam na sua memória integral sem passar necessariamente pelo cérebro físico ou pelo menos sem deixar nele vestígios da sua passagem. Se às vezes são confusos, é porque não temos dos sonhos as imagens todas. Apenas se gravam na memória que nos ficará na vigília aquelas que interessam aos aspectos humanos da nossa existência atual. Se às vezes são por demais materializados, grosseiros mesmo, é porque afinal de contas o corpo também tem suas exigências e amarra o espírito às suas ânsias. Se adormecemos com sede, sonhamos beber água pura, fresca, cristalina. Não seria, talvez, o espírito realmente

48. É a vida. (N.E.)

a tentar satisfazer o corpo, com águas que jorram alhures nesse mundo ainda pouco explorado que o ilustre professor José Fernandez chama de *más allá de la cuarta dimension?*[49]

Que me perdoem os freudófilos, mas para mim o pai da psicanálise mergulhou na alma do homem, mas em lugar de voltar com o embornal cheio só de pérolas trouxe de mistura com algumas gemas autênticas várias quinquilharias, restos prováveis de um naufrágio milenar. É claro que isso não invalida sua magnífica experiência, nem mesmo reduz a importância dela. É muito raro que num só impulso se monte toda a estrutura de uma nova ciência. Ela nasce aos poucos e se vai ajustando e corrigindo.

49. Além da quarta dimensão. (N.E.)

66. Mente ou espírito?

Quanto à sobrevivência do espírito, já lhe disse, amigo: você terá a sua prova definitiva, irrefutável, com a sua própria morte. O objetivo aqui não é, pois, fornecer essa evidência, colocando entre as páginas do livro em um envelopezinho de plástico a ficha datiloscópica do espírito, com sua fotografia, uma mechazinha de cabelo e o seu certificado de admissão ao mundo póstumo assinado por algum preposto da divindade. Nada disso. Não seria necessário juntar um pouco de neve num estudo sobre o polo Sul, para provar a existência da neve naquela região. O que se poderia chamar de indícios são de uma veemência que tem satisfeito aos mais rigorosos pesquisadores, mesmo aqueles que entraram no estudo com o objetivo de 'desmascarar' o que julgavam aprioristicamente tratar-se de uma farsa.

Além de tudo, a sobrevivência é um corolário filosófico natural e até necessário à própria evidência já acumulada pela moderna parapsicologia. Como provou o dr. J. B. Rhine, as faculdades do espírito simplesmente ignoram as limitações de tempo e espaço. As pessoas dotadas de certos dispositivos psíquicos ainda pouco estudados, mas suscetíveis de desenvolvimento controlado, tanto podem perfeitamente prever acontecimentos, como tomar conhecimento de fatos ocorridos e dos quais não tomaram ciência pelos processos usuais. Também podem receber mensagens telepáticas e transmiti-las, quaisquer que sejam as distâncias entre um e outro. Por último, através do fenômeno da telecinésia, verifica-se que o espírito pode influir sobre a matéria inerte. Rhine não está ainda preparado ou, pelo menos, não se sente disposto a admitir, preto no branco, a existência do espírito. Prefere usar eufemismos, transferindo tudo à mente. Isso é apenas uma questão de terminologia que não altera o raciocínio, pois para efeito de estudo desses fenômenos as palavras mente e espírito têm o mesmo sentido. Se a mente ou o espírito ignora o tempo e o espaço, é porque não depende deles, está fora dessas condições limitativas, transcende um e outro; em suma, é imortal e só está preso ao nosso mundo tridimensional enquanto ligado ao corpo carnal. No espaço, é como se fosse promovido a um Universo tetra ou pentadimensional.

O espírito seria, pois, não um corpo contido numa determinada grandeza que envolvesse conceitos de comprimento, largura e altura, mas sim uma integral de momentos intemporais, se é que isso não cheira a metafísica. Queria dizer com isso que a sua memória não seria uma coletânea de fatos distribuídos ao longo do tempo, mas uma coexistência de todos esses momentos num só que é a sua intemporalidade. Mal comparando, seria como a luz branca que sendo a soma das cores elementares é nenhuma porque é todas. Tal como a hélice de um avião no auge da velocidade, que não é vista em lugar algum, porque está ao mesmo tempo em todos os momentos da sua trajetória circular.

67. O FENÔMENO DA MATERIALIZAÇÃO

SENDO, PORÉM, TÃO grande a distância na escala vibratória entre o espírito e a matéria, precisa ele de um mecanismo intermediário, através do qual possa integrar-se no organismo físico. Para isso e enquanto precisar viver em corpos materiais, disporá o espírito de um corpo diáfano e imperceptível à visão comum, a que alguns chamam de corpo astral, outros de corpo espiritual, ou duplo etérico ou ainda perispírito.

Nas sessões de materialização, vemos o espírito manifestante impregnar esse molde imponderável de substâncias sacadas dos presentes e especialmente daquele indivíduo que, por possuir faculdades especiais, lhe fornece as referidas substâncias. Com essa matéria o espírito vai se tornando visível e em casos escrupulosamente verificados a figura materializada ganha peso – que a física moderna chama de massa – à medida que a pessoa que lhe empresta a substância perde o peso correspondente e até se desmaterializa em parte. O professor Aksakof observou fenômenos desses e dá conta deles no seu livro *Um caso de desmaterialização*. Finda a demonstração, o espírito devolve ao médium a substância que tomou emprestada ao se tornar visível e este desperta.

68. SIR WILLIAM CROOKES

TAMBÉM O EMINENTE físico inglês *Sir* William Crookes teve oportunidade de experimentar nesse sentido com a médium Florence Cook, durante vários meses. Nesse período, a figura materializada andava, conversava, deixava-se até fotografar. Se o leitor não leu, pode recorrer ao livro *Fatos espíritas*, traduzido para o português e que contém depoimentos daquele sábio. Crookes morreu em 1919 e foi um dos mais distintos cientistas britânicos. Devem-se a ele a descoberta do tálio e do tubo de Crookes, entre outras, no campo da física e da química. Também é dele a descoberta do quarto estado da matéria – o estado radiante. Não era homem que se deixasse enganar.

Para essa substância que as obras acerca do fenômeno psíquico costumam chamar de ectoplasma, (Veja o leitor, se quiser, o livro do eminente e lúcido dr. Gustave Geley, (*L'Ectoplasmie et la clairvoyance*)⁵⁰ propõe o cientista brasileiro dr. Hernani Guimarães Andrade, a designação de estado psicodinâmico da matéria, o que seria, portanto, um quinto estado dela.

O fenômeno da materialização é uma demonstração dramática da sobrevivência do espírito, porque para observá-lo não precisamos de nenhum sentido além dos cinco que estamos acostumados a operar na vida diária. Note o leitor que falo em *demonstração* e não em *prova*, porque para muita gente não há prova que satisfaça. Até que eles próprios morram, naturalmente. Mesmo assim, levam um tempo relativamente longo até que se convençam disso.

50. A ectoplasmia e a clarividência. (N.E.)

69. SIR OLIVER LODGE

OUTROS MEIOS TEM o espírito que já abandonou a sua máquina carnal de demonstrar a sua sobrevivência à morte física, mas muita gente não tem os olhos de ver...

Sir Oliver Lodge chama a atenção para o esforço que fazem as inteligências invisíveis comunicantes, para estabelecerem de forma irrecusável essas provas, o que não é fácil, especialmente uma que elimine como explicação alternativa a telepatia. Um desses recursos é o da chamada correspondência cruzada, em que o espírito transmite a médiuns diferentes textos aparentemente desconexos que só tomam sentido quando integrados. Exemplo: a comunicação escrita reproduz uma série de palavras organizadas em linhas comuns como se fosse o texto normal, mas que não tem sentido, nem unidade. Outro médium recebe também uma comunicação – diferente daquela – que também nada quer dizer de inteligível. Intercalada a linha de uma na linha seguinte da outra, o texto é perfeitamente coerente.

No seu livro *The survival of man*,[51] cuja tradução francesa já mencionei, *Sir* Oliver Lodge estuda esse e outros fenômenos. Suas conclusões estão no capítulo 24 dessa obra, publicada em 1909:

> ... os testemunhos em favor da sobrevivência do homem – diz ele – isto é, em favor da continuidade da inteligência humana e da personalidade individual, depois da morte do corpo, se acumulam incessantemente; tendem agora a só tornarem irrefutáveis graças aos impulsos tomados pelo fenômeno conhecido antigamente por escrita automática.

Sir Oliver Lodge teve oportunidade também de entrar em contato com algumas dessas inteligências e individualidades – para usar as suas próprias expressões – que se diziam amigos e companheiros seus já 'falecidos'. Como essas pessoas tiveram 'em vida' o mais profundo interesse por tais estudos, assim que chegaram 'do lado de lá' trataram de fornecer aos colegas do lado de cá, as provas que eles próprios haviam buscado enquanto estiveram revestidos de um corpo físico. Lodge cita três desses amigos e colegas cientistas, ex-participantes da mesma

51. *The survival of man: a study in unrecognized human faculty* (*A sobrevivência do homem: um estudo não reconhecido sobre a faculdade humana*). (N.E.)

Society for Psychical Research, como ele próprio. No seu depoimento sobre o fato, declara o seguinte que traduzo:

> Descobrimos que amigos defuntos, dos quais alguns nos foram bem conhecidos, haviam tomado parte ativa nos nossos trabalhos na Sociedade, em vida, especialmente Gurney, Myers e Hodgson, pretendem constantemente se comunicar conosco, na intenção bem clara de provarem pacientemente suas identidades e nos fornecerem correspondências cruzadas através de diferentes médiuns. Descobrimos assim que eles respondem a perguntas específicas de maneira característica às suas personalidades conhecidas e que demonstraram conhecimentos que lhes eram próprios.

Seria *Sir* Oliver Lodge um débil mental, impressionado com essa história de fantasmas inteligentes?

Sir Oliver nasceu em 1861 e morreu em 1940. Deixou estudos notáveis acerca da eletricidade e do raio. Com apenas 24 anos de idade lecionava filosofia natural no Bedford College. Com 28, era professor assistente de matemática aplicada na Universidade de Londres; com 30, catedrático de física da Universidade de Liverpool, onde ficou até o ano de 1900, quando foi eleito reitor da Universidade de Birmingham que então se fundara. Só em 1919 se aposentou nesse honroso cargo que exerceu com o mesmo brilho e a mesma dedicação que consagrou a tudo quanto fez. Esse empenho lúcido e corajoso colocou em conciliar ciência e religião.

Também *Sir* Oliver Lodge não é homem cujo testemunho se possa ignorar pura e simplesmente.

Poderia listar aqui uma série de homens e mulheres eminentes e muito lúcidos que aceitaram tranquilamente a evidência da continuidade da vida após a morte física, mas o leitor buscará, se quiser, suas referências nos livros indicados ou em outros de sua própria escolha, pois a pilha é grande. Não cometa a ingenuidade de esperar pela prova real da sua própria morte, meu caro. Muitos fazem isso por mera vaidade; outros, por ignorância; alguns, por desconhecimento ou desinteresse, mas o leitor não assuma tal atitude por falta de inteligência, porque este é um assunto para pessoas arejadas e inteligentes.

LIVRO
TERCEIRO

A COLHEITA

Não estamos totalmente presentes em nós mesmos, senão no dia da nossa morte.
Louis Lavelle

1. O CORDÃO FLUÍDICO

POIS, MUITO BEM. O espírito existe, preexiste e sobrevive. Resta-nos conversar sobre o que faz, sente e experimenta entre uma existência e outra. É o que vamos fazer em seguida.

Acredito que não se saiba ao certo como se prende o espírito ao seu corpo físico e por que processos psicofísicos isso se faz. É certo, porém, que a ligação é feita no sistema nervoso e que um cordão fluídico – à falta de melhor termo – funciona como espécie de extensão elétrica. Graças a esse cordão, o espírito pode afastar-se do corpo durante o sono fisiológico ou em outros estados de desprendimento provocado artificialmente, como na hipnose ou ainda pela ingestão de drogas hipnógenas ou mesmo em consequência de um traumatismo muito forte, quando se diz que a pessoa 'perdeu os sentidos'. Perdeu nada, apenas afastou-se o espírito e com ele levou os seus sentidos e a sua consciência, pois esta e aqueles não se acham sediados no corpo físico que é apenas matéria, não podendo ter tais faculdades por si mesma. Por esse cordão, o espírito mantém sua vigilância sobre o corpo físico por mais longe que se afaste e por ele circulam impressões e sensações num sentido e noutro, isto é, do corpo para o espírito e deste para aquele. Em outras palavras, se algo incomoda a pessoa adormecida, a sensação recebida pelo corpo é imediatamente remetida ao espírito através do cordão fluídico e este retorna ao seu organismo para as providências necessárias. Por sua vez, as experiências que o espírito vai tendo na sua liberdade relativa, também vão sendo ainda que fragmentariamente transmitidas ao cérebro físico. Ao despertar, a memória guarda maior ou menor nitidez das observações e atividades do espírito, enquanto o corpo repousava.

Nesse desprendimento, o espírito tem a sua vida peculiar, embora limitada pela condição de ser dono de um corpo físico. Entra em contato com outros espíritos nas mesmas condições que ele ou em estado de liberdade maior, por não estarem no momento ocupando corpos físicos na Terra. Conversa, estuda, aprende, ensina, desloca-se, enfim, com relativa facilidade, sempre atado ao corpo físico pelo cordão fluídico.

A existência desse cordão não é relatada apenas nas obras psíquicas ou na Bíblia. Todos os videntes, isto é, seres que têm a faculdade adequada, percebem o fenômeno, qualquer que seja a sua formação religiosa ou a sua descrença total. De modo geral, notam essas pessoas o cordão que amarra o espírito ao seu corpo material, mergulhando neste à altura da base do crânio.

2. Readaptação

Quando se dá o fenômeno da morte, o cordão não se rompe imediatamente de modo a liberar logo o espírito da sua sujeição material. Sob condições normais, o espírito ainda fica preso por algumas horas ou mesmo dias, até que, auxiliado por amigos seus, já no mundo espiritual, consiga desembaraçar-se da carcaça imprestável. O suicida é usualmente o que mais sofre nesse transe. Como ainda tem em si, quase sempre muita vitalidade, não é fácil desfazer os laços. Aliás, ele próprio, no estado de confusão mental em que se precipita com o seu gesto alucinado, não se encontra em condições de equilíbrio suficiente para inteirar-se da situação e promover o desligamento. Essa perturbação é comum, em grau mais intenso ou menos intenso, a todos nós em seguida à morte física. O espírito equilibrado e lúcido logo se recupera e se reintegra com relativa facilidade no *habitat* que lhe é próprio, mas o que destruiu voluntariamente o seu corpo físico vive um tempo imprevisível de aflições e angústias, assistindo horrorizado à decomposição do seu próprio corpo, sentindo na própria carne a atividade dos vermes que o consomem sem que nada lhe ocorra fazer e sem mesmo compreender ao certo o que está se passando.

3. O SUICÍDIO

SOBRE ESSE DRAMÁTICO problema de suicídio, creio valer a pena acrescentar alguns comentários. Ao que parece, nascemos como se fosse com 'corda' para determinado período na Terra. Trazemos na nossa bagagem espiritual — no inconsciente freudiano — um programa de trabalho para a vida que reencetamos na Terra. Se as nossas passadas existências foram relativamente equilibradas e serenas, levamos uma vida também serena e equilibrada, mas se ainda temos erros a reparar e recuperações a fazer, então o nosso programa não é de fácil execução e nem tudo corre como, conscientemente, desejaríamos.

Não é que o mecanismo da lei de causa e efeito seja cruel, mas é inexorável e tem de ser. Além do mais, se arranhamos a lei do equilíbrio universal, criamos automaticamente a necessidade de restabelecer o equilíbrio. Esse conceito de justiça universal nos assegura que se pagamos é porque devemos. Se a dívida não foi contraída na atual existência é porque vem de

52. Vendeta, segundo o Houaiss, é um "sentimento de hostilidade e vingança entre famílias ou clãs rivais, desencadeando assassinatos e atos de vingança mútua durante anos ou gerações, como ocorre na Córsega e partes da Itália". (N.E.)

trás. E se devemos, temos de pagar. Caso contrário, não poderemos progredir na escala evolutiva. Isso é de extrema importância para a nossa paz de espírito e progresso, meu caro leitor. Não adianta errar deliberadamente e persistir no erro, porque a correção virá inexoravelmente. Por outro lado, se alguém nos prejudicou seriamente e até nos feriu mortalmente, é inútil e desnecessário promover *vendettas*[52] sanguinárias, porque o criminoso, mais cedo ou mais tarde, terá que acertar suas contas com a lei.

Assim, o espírito que em outras vidas infligiu sofrimentos e angústias ao seu semelhante traz um programa áspero de recuperação e é comum fraquejar e desesperar-se ante a dureza das suas experiências. Afinal de contas, a única moeda com que pode resgatar dívidas assumidas por dores impostas aos outros é a sua própria dor. Todos nós sabemos disso como espíritos, mas mergulhados no corpo de carne, desce sobre o nosso entendimento um pesado véu de esquecimento. Acontece, então, que sem compreender a razão da sua angústia e dos atropelos que vai encontrando pela vida afora o espírito se desespera e acaba por julgar que a única saída para o seu problema é o suicídio. Pensa o infeliz que a morte é um fim, um mergulho para sempre no esquecimento total, no nada absoluto. Imensa é, pois, a sua angústia, quando 'acorda' do outro lado e aos poucos vai entendendo a extensão e a profundidade do seu engano.

Dizem que o empresário americano de um parque de diversões, entre muitas atrações, colocou numa porta misteriosa uma palavra ainda mais cabalística: *Egress*. Que surpresa estaria escondida atrás daquela porta? Seria algo de fantástico, diferente, misterioso? Reservaria uma nova experiência ou uma nova *practical joke*?[53] Para averiguar, muitos entravam resolutos pela porta adentro e se encontravam simplesmente na rua, fora do parque. É que o finório empresário substituíra uma palavra co-

53. Brincadeira. (N.E.)

mum como *Exit*, que todo mundo sabe o que quer dizer, por outra mais erudita de que apenas uns poucos conheciam o verdadeiro significado. Mas só quero da história mostrar a moral, como nos antigos contos medievais: é que para entrar de novo no parque, o 'egresso' tinha de pagar novo *ingresso*. Também nós, quando saímos da vida, através de portas falsas, temos de esperar pela oportunidade de entrar de novo e pagar a admissão outra vez. A porta do suicídio é uma das tais. Quem envereda por ela, cedo descobre que apenas conseguiu expulsar-se da magnífica aventura e experiência que é a vida terrena. Apenas somou aflições novas às que já possuía. Somente assumiu novos compromissos que terá, cedo ou tarde, de resgatar com lágrimas e angústias ou, então, desdobrando-se em serviços e dedicações anônimas ao seu semelhante.

Os depoimentos desses infelizes espíritos são de uma dramaticidade dolorosa. Se o leitor quiser, há muitos escritos desses no livrinho organizado por Almerindo Martins de Castro, intitulado *Martírio dos suicidas*, edição FEB. Também há uma obra escrita por Yvonne A. Pereira, atribuída ao espírito de Camilo Castelo Branco, *Memórias de um suicida*.

4. Consequências

Depois de um gesto desses de desespero inútil, o espírito experimenta por um período mais ou menos longo todas as aflições dos mundos inferiores. (Não se esqueça o leitor de que *inferno* tem sua origem semântica em *inferior*.) Lá junta-se a incontáveis infelizes como ele próprio e mutuamente se atormentam e sofrem o que lhes parece uma eternidade, em regiões que nada

ficam a dever ao inferno mitológico dos teólogos. A angústia parece eterna porque não há referência fixadora. Lá não se vê a sucessão de dias e noites, nem há relógios para marcar as horas. É tudo um contínuo escorrer de eventos, uma angústia que não parece ter fim e de cujo princípio não mais se lembra o espírito. Numa sessão mediúnica, perguntei a um espírito ainda endurecido e preso a sentimentos de vingança, há quanto tempo estava ele naquela aflição. Respondeu com outra pergunta:
— Em que ano estamos?
Fez as contas e concluiu que havia se passado oitenta anos em medida terrena.
— E você não acha, perguntei-lhe, que já é tempo de abandonar completamente essas ideias que estão retardando o seu desenvolvimento e retomar o caminho da sua evolução? Há tanta coisa que você pode fazer...
Aos poucos, porém, vão se recuperando, não apenas pela compreensão mais nítida da situação em que vivem, como também graças à assistência de amigos e outros espíritos de formação caridosa que os ajudam a reencetar a longa marcha da regeneração. Ao cabo de algum tempo mais, são recolhidos a instituições especializadas e entregues aos cuidados de técnicos que os preparam para nova existência na carne, pois que só aqui pode realizar-se o que lhes compete fazer para retomarem o caminho evolutivo.

5. Renascimento

E ENTÃO RECOMEÇA tudo outra vez: ligam-se a um óvulo que acaba de ser fecundado e por oito ou nove meses trabalham na estrutura do corpo físico que lhes vai servir à nova existência. Recebem amparo e assistência de espíritos amigos e de dedicados especialistas, mas nenhum desses pode interferir no delicadíssimo mecanismo do livre-arbítrio do renascente. Cabe a este decidir os seus problemas e executar o seu programa. Daí, em parte, a razão do esquecimento que o envolve ao renascer. É preciso que ele tenha a iniciativa de regenerar-se e que vença com seus próprios recursos as deficiências do seu espírito, sem que seja obrigado a fazê-lo em prazo determinado e por motivos que conheça inteiramente. Por estranho que pareça, o esquecimento que buscou ao suicidar-se (quando é o caso dos suicidas) vem encontrar exatamente no renascimento.

Em consequência, ele deve ter o mérito da sua vitória, não se desesperar ante uma dor que lhe pareça injusta, ante um sofrimento que pareça desnecessário, ante uma penalidade que lhe pareça aplicada a um inocente. Não há inocentes em regime de resgate perante a lei cósmica. Não é porque a lei deva ser reparada que ela é impessoal, mas porque interessa ao próprio espírito essa reparação.

6. Deformações e teratologias

Assim, guardando na sua memória integral, para a qual não se perde um só til, toda a tragédia da sua vida, o espírito do suicida renascente, por exemplo, nem sempre consegue equilíbrio suficiente para recompor um corpo físico perfeito sob condições ideais. Além disso, renasce geralmente em condições mais difíceis. Dessa forma, não é de se admirar que os resíduos das suas angústias acarretem perturbações na formação do seu corpo. As vibrações negativas dos crimes que praticaram contra si mesmos ou contra terceiros resultam numa impregnação persistente do corpo espiritual na região afetada. E com um 'molde' defeituoso, como é que vai ser perfeita a peça que nele se funde?

Pode crer, leitor, não vale a pena suicidar-se. Não é nem inteligente, nem sensato, porque em lugar de resolver problemas, vai agravá-los numa extensão insuspeitada.

Esse é o problema do suicídio, mas precisamos voltar ao fio da meada, que esta foi uma digressão longa, ainda que necessária.

7. A CRISE DA MORTE

DIGAMOS QUE O espírito se desprenda normalmente, após uma existência relativamente tranquila, em que teve as atribulações usuais da luta diária pela subsistência.

Há sobre esse dramático momento em que o espírito começa a desligar-se do corpo físico, um pequeno livro muito bem meditado, documentado e escrito, pelo cientista italiano e professor Ernesto Bozzano. Chama-se *A crise da morte*. Pode ler, porque Bozzano não era dado a fantasias.

Logo no limiar do mundo invisível, encontra o espírito amigos e parentes 'mortos' que vêm orientar e ajudar aquele cujo corpo *agoniza*. Os videntes sempre descrevem da mesma forma os fenômenos que vão observando em diferentes oportunidades. A princípio, desprende-se uma espécie de névoa do corpo físico. Essa névoa vai se condensando gradativamente e tomando forma humana, até que uma reprodução exata do agonizante se forma acima do seu corpo material. O segundo corpo, constituído daquela substância tão sutil, flutua acima e à volta do corpo e a sua vitalidade parece depender das flutuações da energia vital do moribundo. Quando este parece recobrar suas forças físicas, o corpo espiritual se torna mais diáfano. O cordão fluídico lá está, servindo de ligação entre os dois.

Finalmente, o corpo espiritual se retira, abandonando o corpo físico à sua própria sorte e segue o seu destino na companhia daqueles que vieram ajudá-lo na crise. Tal como ao renascer, o espírito somente recobra a sua liberdade depois de se romper o cordão umbilical, num caso, e fluídico, no outro.

Em alguns exemplos, o laço fluídico logo se rompe e o espírito está livre. Em outros, o laço demora-se mais a romper e o espírito continua jungido à matéria, como vimos. Um ou outro caso registra a história da medicina ou a Bíblia de pessoas que, depois de clinicamente 'mortas', retornam à vida. É porque o espírito ainda continua preso à carne e foi possível fazê-lo regressar ou ele próprio, num esforço de vontade e certamente auxiliado nisso por amigos espirituais, conseguiu recuperar o domínio do seu organismo. A influência do espírito sobre a matéria está hoje suficientemente provada. Com muito mais razão pode ele exercer esse domínio quando a matéria integra o seu próprio corpo.

8. Balanço

Uma vez desprendido completamente do corpo, vai o espírito recuperar-se daquilo que o velho Browning supunha ser um desmaio. (E é). Conforme o seu grau de adiantamento, entra logo a seguir na posse da sua memória e tem a visão de todas as suas existências anteriores, analisa o que fez e o que deixou de fazer na vida terrena que acaba de findar-se, faz um balanço das suas experiências e compreende a razão das dores e angústias que experimentou na carne, como também o complexo mecanismo das inter-relações humanas se lhe torna perfeitamente esclarecido.

Descobre, então, o pai a razão de ter recebido o encargo de criar e educar aqueles que lhe foram distribuídos como filhos. A um, ele próprio prejudicou em existências anteriores. Outro é antigo companheiro de várias vidas decorridas alhures, no tempo e no espaço. A outros, se propõe ajudar com a sua experiência. De outrem, aceitou ajuda, por lhe serem superiores espiritualmente. Com quase todos tem compromissos que vai resgatando lentamente, mas inexoravelmente.

9. Aprendizado e preparação

Depois de ponderadas todas essas razões, examinados todos os aspectos, meditados seus inúmeros problemas, o espírito se reintegra na vida espiritual, passando a participar ali de trabalhos e estudos, nesse aprendizado constante que é a vida, tanto faz estejamos aqui, como no espaço.

Ao cabo de mais algum tempo – tanto podem ser alguns dias, como alguns séculos – o espírito volta a renascer se assim interessar ao seu desenvolvimento psíquico. Nesse sentido é orientada a sua existência na liberdade do mundo espiritual. Seu trabalho e seus estudos ali já visam ao preparo do plano que pretende desenvolver quando voltar a nascer na Terra.

É durante esse período passado no mundo espiritual que ele às vezes entra em contato com os que ainda ficaram na Terra, presos à carne. Para isso, utiliza-se de uma faculdade própria em pessoas especialmente dotadas, usualmente chamadas médiuns, porque servem de intermediários entre os que estão na Terra e os que se acham desembaraçados da matéria densa.

Esses dois mundos, essas duas humanidades são na realidade uma só, interpenetrando-se e promovendo um intercâmbio constante, ainda que desses contatos pouco fique na memória vigil. Ademais, os espíritos vivem em grupos, quase sempre presos uns aos outros por interesses comuns – bons ou não bons – como a divulgação de uma ideia, o desenvolvimento de uma ciência ou de uma arte, ou a propagação de ódios que ainda lhes obscureçam o entendimento ou vinganças que lhes tumultuam a razão.

Prendem-se também por laços espirituais resultantes de ligações anteriores. Aquele que perseguiu ou matou o semelhante, por exemplo, com frequência recebe-o na nova família, numa existência seguinte, quando lhe é dada a oportunidade de restituir-lhe a vida terrena que antes lhe tirara.

A lei de causa e efeito dispensa a inutilidade teológica do inferno, tanto quanto o céu. Em lugar de uma punição eterna, pelo crime de uma única existência, a oportunidade de perdoar e refazer em existências subsequentes, até que todo o impulso criminoso e toda a inclinação pelo mal estejam, como dizem os franceses, *effacés*[54] da estrutura do ser espiritual.

54. Apagadas. (N.E.)

10. O FENÔMENO DA OBSESSÃO

ENQUANTO, PORÉM, ESSAS arestas não se eliminam, vão multidões imensas de espíritos na cambulhada necessária da vida, polindo-se uns aos outros, ferindo-se mutuamente com suas arestas como a pedra que, de tanto rolar, torna-se seixo, doce como seda ao contato.

É em virtude desse mecanismo de reajuste que os espíritos ainda endurecidos no mal guardam rancores seculares e perseguem tontamente aqueles que os prejudicaram. Se estes se encontram na liberdade do mundo *post mortem*, arrastam-nos às mais vexatórias condições, deles escarnecendo e os atormentando numa perseguição incansável, para a qual se aproveitam daqueles momentos de desorientação e perplexidade que se seguem à morte física.

Há dramas tremendos no espaço, muito além dos que sonhou Dante, no seu *Inferno*. Quando a caridade da lei cósmica remete as vítimas dessas perseguições implacáveis a uma nova existência terrena, nem por isso arrefecem-se os ódios; muito ao contrário, é comum exacerbarem-se. Tudo fazem para que o infeliz, mas não inocente, em processo de renascimento ou já renascido, sofra as angústias de uma perseguição sem tréguas. Nas menores oportunidades, nos desprendimentos do sono fisiológico, são duramente fustigados pelos atormentadores e não raro acabam por cair, mesmo na vida diária, sob o domínio deles, do que resultam obsessões e possessões realmente dramáticas.

Diante delas, o que pode a psicanálise clássica que nada sabe ou não quer saber da existência de espíritos e dos dramas que vivem aos milhões pelo mundo afora? De que adianta o exorcismo canônico, revestido de fórmulas inócuas?

Nem aqui, é preciso ressaltar, existe qualquer abuso ou mesmo interferência com o livre-arbítrio de cada um. Apenas se expõe às perseguições aquele que por suas próprias faltas deixou cair as suas guardas, abriu as portas aos invasores. Estes somente atuam até o momento em que o sofredor se dispõe a recuperar-se e reparar os danos que causou a outrem ou aos seus próprios atormentadores.

É curioso que os antigos sabiam disso melhor do que os de hoje. Muito morubixaba das tribos africanas tem disso melhor ideia do que tantos doutores togados. Por economia de tempo e de espaço, tomo a liberdade de enviar o leitor ao livro de Luís J. Rodriguez que traduzi sob o título de *Muito além da morte*. É uma edição da Freitas Bastos. Lá está bem retratado – tanto o drama da moderna psicanálise, como o da antiga teologia dogmática. Estão ambas ainda hoje ignorantes do fenômeno que pretendem resolver por métodos catárticos, uma e exorcistas, outra. A teologia pelo menos ainda tem uma atenuante. Ela admite nos casos de neuroses e psicoses funcionais, a presença de uma personalidade estranha à do possesso. O fato de chamar essa personalidade estranha de demônio não invalida de todo o seu raciocínio, apenas tornando inócuo o procedimento adotado.

Já a psicanálise, em lugar de admitir a existência de uma inteligência estranha à do possesso ou obsedado interferindo com seus mecanismos psíquicos, elaborou todo um jargão científico para explicar o fenômeno, classificando-o quase sempre como personalidade múltipla. É inteiramente irrelevante para os cardeais da psicanálise que a personalidade, como entidade imaterial, não pode ser seccionada ou dividida. E, enquanto discutem entre si suas doutas teorias, o indivíduo fica à mercê de influências completamente estranhas e hostis à sua personalidade. Não adianta submetê-lo a choques elétricos, injetar-lhe drogas ataráticas ou extrair-lhe o lobo frontal. O que é necessário é convencer os espíritos que o perturbam a abandonarem a perseguição pelo interesse de ambos, perseguido e perseguidor.

11. Exemplo de tratamento psiquiátrico

LEIA O AMIGO o livro *As três faces de Eva*, dos doutores Corbett Thigpen e Harvey Cleckley. É um exemplo de três ou mais espíritos disputando a posse do mesmo corpo. Da história – verídica, aliás – foi feito um filme excelente pelos produtores de Hollywood, com a atriz Joanne Woodward no papel-título. São espíritos inteiramente diferentes um do outro e não uma personalidade dividida em três. Cada um deles tem a sua história, o seu *background* psíquico, a sua formação cultural, suas tendências, seus níveis de moralidade. Uma é do tipo doméstico, caseira, disciplinada, boa mãe de família. A outra, irresponsável, destituída de senso moral e inconsequente. Quando esta se apossa do corpo, comete as mais desvairadas loucuras, deixando à outra, isto é, à dona do corpo físico todas as consequências, os vexames, as ressacas e situações difíceis em que se mete deliberadamente. Só a terceira parece mais serena e procura compreender a situação e ajustar os fatos a uma realidade menos penosa para as três. E acaba por consegui-lo, a despeito da 'ajuda' da psiquiatria.

12. Os milagres

A VIDA DE Jesus está cheia de fenômenos psíquicos: curas, desobsessão, transfiguração, contato com espíritos. Esse mecanismo espiritual era perfeitamente conhecido do Cristo, como o testemunham os fenômenos que operou ele próprio. A um paralítico declara: "Filho, tem confiança, perdoados te são os teus pecados."

Que pecados? Alguma coisa teria feito aquele homem, prejudicando alguém. Cumprido o ajuste que o próprio espírito se impõe, está em condições de ser curado, de recuperar-se.

À filha de Jairo, diz o Cristo, que não está morta; apenas dorme, ou seja, afastou-se o seu espírito do corpo físico, por uma razão qualquer e ele o percebe pela existência do cordão fluídico que ainda os liga. Tomando-a pela mão, traz o espírito de volta ao corpo e a menina desperta 'ressuscitada'.

No capítulo 17, Mateus narra a transfiguração do Cristo, quando lhe apareceram os espíritos de Moisés e Elias. Foi tão real a visão, que desejaram os discípulos construir três abrigos: um para o Cristo, um para Moisés e outro para Elias.

Nesse mesmo capítulo, conta o evangelista que uma senhora trouxe o filho aos pés de Jesus, dizendo que o rapaz era lunático e padecia muito porque "muitas vezes cai no fogo e muitas na água". E Jesus "o ameaçou e saiu dele o demônio e desde aquela hora ficou o moço curado".

Basta substituir a palavra *demônio* por *espírito* que, aliás, é o sentido da palavra grega *daimon*, para entender o fenômeno.

A outro possesso que ninguém podia conter, Jesus ordenou:

– Espírito imundo, sai desse homem. E perguntou:

– Qual é o teu nome?

– Legião é o meu nome, porque somos muitos – diz o espírito.

É o que diz Marcos, no capítulo 5. Um possesso encontrado na sinagoga lhe pergunta:

– Deixa-nos; que tens tu conosco, Jesus nazareno? Vieste a perder-nos?

Disse-lhe o Cristo:

– Cala-te e sai desse homem.

No capítulo 19 de Atos dos Apóstolos, conta-se que os sete

filhos de certo judeu também se metiam a expulsar demônios (ou seja, espíritos), como faziam os apóstolos. Diziam assim ao possesso:

– Eu vos conjuro por Jesus, a quem Paulo prega. Um dia toparam com "um espírito maligno – diz o livro – que, respondendo, lhes disse: – Eu conheço Jesus e sei quem é Paulo; mas vós, quem sois?".

Três conclusões podem ser inferidas desses fatos. A primeira é a de que Jesus estabelecia nítida relação de causa e efeito entre certas disfunções psicossomáticas ou puramente psíquicas e a atuação de espíritos, naquele tempo chamados de imundos. Assim que o espírito obsessor abandonava o doente, este se curava. Em segundo lugar, nota-se que quem se incumbe de ordenar ao obsessor que se retire precisa para isso de ter autoridade moral suficiente para fazê-lo. Uma terceira conclusão: a de que o doente é, em realidade, o espírito do obsessor e não o do obsedado. Isto é verídico e oferece outro ângulo que convém explorar um pouco mais.

13. Disfunções espirituais

Mesmo depois de algo recuperado do traumatismo causado pela morte, o espírito ainda não muito esclarecido guarda certos resíduos, por assim dizer, vibratórios, que condicionam seu organismo espiritual. É o caso, por exemplo, daquele que tendo sido surdo-mudo de nascença no decorrer da vida física, ainda se acredita surdo-mudo como espírito. O que foi cego continua cego por tempo indefinido até que compreenda o seu estado e se liberte da sua deficiência que é puramente subjetiva, mas não menos real para ele do que durante a sua vida terrena.

Num caso desses, que tive oportunidade de observar pessoalmente, o espírito acreditava-se ainda surdo-mudo. Vivera até a juventude nesse estado de vida quase vegetativa (grandes deveriam ser seus compromissos) e, ao cabo desse tempo, sua própria mãe ministrou-lhe veneno na ingênua esperança de "acabar com aquele sofrimento". Presos esses dois espíritos pelos laços do drama que viveram e que certamente remonta a mais recuadas épocas, ficaram em lamentável estado de perturbação no espaço, até que, através de tratamentos especiais e principalmente por meio de discussão franca do problema, conseguiu-se despertá-los para a realidade do além e encaminhá-los à recuperação.

O espírito do jovem surdo-mudo compareceu aos primeiros trabalhos acompanhado de uma entidade invisível para nós, com a qual se entendia por meio dos sinais próprios, feitos com as mãos. Esse amigo invisível servia de intérprete ao mudo, que era um espírito jovial. Aos poucos foi ele se convencendo de que estava 'morto' e de que a sua surdez era puramente subjetiva, pois o impedimento ficara com o corpo físico que ele abandonara no túmulo muitos anos antes. Conseguiu-se finalmente que nos ouvisse. Com um pouco mais de esforço da parte dos que tratavam do caso, tanto do lado terreno da vida, como do lado espiritual, foi possível fazê-lo falar, vencendo dificultosamente a inibição inicial.

Para surpresa dos presentes, porém – e evidentemente como notável fator de controle para todos nós –, ele começou a expressar-se em italiano e não em português, como todos esperavam, pois que sua existência como surdo-mudo decorrera no Brasil. Por fim, um dos técnicos espirituais explicou que, tendo vivido existências anteriores na Itália, era essa ainda a língua que mais viva lhe estava na memória espiritual e por isso a empregava. Mais tarde o próprio espírito declarou lembrar-se de duas existências anteriores, ambas na Itália.

De modo que se um espírito assim inibido pela surdez apossa-se do corpo físico de um ser terreno, é certo que este último começará a experimentar dificuldades auditivas que a medicina acadêmica não poderá resolver.

14. Intercâmbio nos dois mundos

Trabalhos como esse se fazem em toda parte hoje, num intercâmbio dos mais proveitosos entre as duas faces do mundo – o verso espiritual e o anverso material. *Sir* Oliver Lodge dizia que era como se duas turmas de trabalhadores perfurassem um túnel em sentido contrário, tentando encontrar-se a meio caminho. Ainda não haviam, àquele tempo – há sessenta anos – rompido de todo a barreira que os separava, mas tanto uma como outra turma já ouvia, na rocha, o ruído dos instrumentos de trabalho da outra. A barreira que antes era densa e parecia intransponível começava a adelgaçar-se aqui e acolá. Agora sabemos que não há barreira alguma. O mundo do espírito e o mundo da matéria são um só, apenas em faixas vibratórias diferentes.

O ouvido humano percebe apenas vibrações que variam entre 20 a cerca de 10 a 12 mil ciclos por segundo. Há quem diga perceber sons produzidos por vibrações até 15 mil ciclos.[55] Dizem que os cães têm a sua faculdade estendida até 20 mil, sendo possível chamá-los por apitos ultrassônicos inaudíveis à criatura humana.

Isso, porém, não quer dizer que não possam existir vibrações

55. O ouvido de um bebê percebe frequências entre 20 Hz até 20.000 Hz, enquanto o ouvido de um humano adulto percebe entre 20 Hz e 16.000 Hz. (N.E.)

abaixo de 20 ciclos ou acima de 20 mil. E não sabemos, sequer, quais os limites extremos delas e que fenômenos produzem nas diversas escalas.

Assim sendo, o problema da comunicação entre os dois mundos, ou melhor, entre as duas faixas do mundo em que vivemos todos, espíritos desencarnados e homens (espíritos encarnados), reduz-se a uma questão de sintonia vibratória.

O desenvolvimento desses processos de comunicação é uma das mais urgentes e gritantes necessidades humanas. Existe um trabalho imenso a fazer. Tanto o espaço como a Terra estão povoados de seres desajustados, desorientados, angustiados, psicóticos, neuróticos de toda a espécie e condição a se atormentarem mutuamente.

No meio de toda essa multidão de espíritos, há grupos interessados no trabalho de intercâmbio cultural e humano, destinado a ir corrigindo lentamente as mazelas que ainda infestam a humanidade. Infelizmente, esses espíritos mais esclarecidos são ainda minoria insuficiente, em face da imensa tarefa que têm diante de si. Qualquer grupo humano interessado nessa colaboração e realmente empenhado em estudar a coisa a sério e equilibradamente encontrará invariável apoio do mundo espiritual. É só querer trabalhar que não falta o que fazer. A paga é elevadíssima, não apenas nos dividendos espirituais que resultam desse maravilhoso aprendizado, como, e principalmente, da magnífica sensação de fraternidade que nos invade o ser, quando vemos partir recuperado um espírito que recebemos no mais lamentável estado de depressão e desorientação.

15. "Onde está, ó morte, a tua vitória?"

Além de tudo, esse intercâmbio entre 'vivos' e 'mortos' resulta numa compreensão das verdadeiras proporções do fenômeno da morte. Vemos os que morreram vir a nós para trocar ideias, trazer-nos informações, prestar-nos ajuda ou pedi-la, discutir problemas, aprender e ensinar. Ali está, integral, a sua personalidade, tal como a conhecemos na Terra, com todos os seus modismos e características. Não se tornaram de repente semideuses apenas porque se descartaram do corpo físico. Por isso, não nos admiramos de que não possam responder a todas às nossas perguntas.

Muita gente descrê logo das primeiras comunicações desses companheiros espirituais, só porque não sabem responder a certas perguntas de algibeira, como, por exemplo:

– Como é Deus?

Ora essa... Os espíritos dos que passaram para o lado de lá da vida têm, por certo, um pouco mais de conhecimento acerca de muitos problemas graves do que podemos ter nós, condicionados ao esquecimento provocado pela matéria, mas não se tornam subitamente em oráculos oniscientes. Em muitos pontos nos dão apenas a sua própria opinião, que pode ser acertada ou não, tal como fariam na Terra.

Descrevem, porém, com fidelidade e sem fantasia, o mundo em que vivem, o que fazem e por que passaram desde que lá chegaram, depois da morte. Ao que parece, o espírito tem também uma espécie de peso específico e quanto mais desmaterializado, mais diáfano, mais alto sobe para regiões purificadas, onde automaticamente vai se situar ao nível dos que lhe são semelhantes em formação ética. Assim, os bons se juntam aos bons e os espíritos mais primitivos se buscam mutuamente. Aqueles, no intercâmbio de experiência e conhecimentos, aceleram a própria evolução e se empenham em tarefas importantes, tanto no mundo do espírito como entre os homens. Estes se reajustam e mutuamente se cobram as próprias dívidas contraídas. Ambos, ao cabo de um tempo mais longo ou menos longo, voltam a nascer entre os homens, nas condições determinadas pelo plano de trabalho que eles próprios prepararam ou que lhes foi preparado por outrem se ainda não estão em condições de decidirem sozinhos.

Assim, enquanto uns vão para lá, outros de lá vêm para este mundo material. É o caso, pois, de perguntar-se como o apóstolo Paulo.

– Onde está, ó morte, a tua vitória?

A vitória da morte é a nossa própria, pois é por ela que nos livramos do fardo material, necessário ao nosso desenvolvimento, mas que tanto obscurece o nosso entendimento espiritual e faz descer sobre os nossos arquivos a pesada cortina do esquecimento. Presos à carne, estamos em mar aberto, na frágil embarcação do nosso livre-arbítrio. Para que o barco não vá dar nos recifes ou não seja engolido pelas vagas, é preciso que nos momentos de silêncio e recolhimento, paremos para ouvir os longínquos ecos da intuição. Todo o nosso saber acumulado está em nós mesmos, nas memórias de todas as vidas que vivemos. Recolhidos ao silêncio do nosso mundo interior, podemos muitas vezes sentir o murmúrio distante daquela imensa correnteza subterrânea. De lá nos vem a intuição da nossa natureza espiritual, pois no fundo todos sabemos que somos espíritos imortais e não meros corpos carnais, sujeitos às mazelas da matéria e ao seu desgaste fatal.

A questão é que muitos não querem parar para auscultar a correnteza subterrânea e, assim, como poderão compreender o enigma da vida? Os que ouvem, porém, sabem que não há mistério algum em morrer: é uma experiência fascinante, término de uma etapa que nos transfere para o mundo da realidade, nosso verdadeiro *habitat*, nossa morada final, quando totalmente libertos da condição material. Para o espírito equilibrado e que já alcançou um nível razoável de serenidade e compreensão, é mais problemático e perigoso renascer do que morrer.

16. Os percalços da vida física

Ao preparar-se para renascer, fica ele apreensivo diante dos percalços que sabe ter de enfrentar na vida física. Enquanto no mundo espiritual compreende perfeitamente a sua natureza, sabe ser absolutamente necessário dar prioridade ao espírito sobre tudo o mais, subordinar tudo aos seus objetivos e finalidades, uma vez que na vida terrena não dispõe de todo o seu conhecimento acumulado. Observe que digo não *dispõe* e não que não *possui*. O conhecimento existe, mas somente sob condições especiais se torna disponível para utilização em estado consciente.

Dessa forma, a sua experiência como espírito é sempre infinitamente superior e mais ampla e mais profunda do que a sua experiência como ser humano num corpo material. Na vida física, o homem dispõe apenas do que se filtra através do cérebro físico, esse grande redutor de vibrações, esse delicado e poderoso transformador de voltagem psíquica. O cérebro só deixa passar dos arquivos secretos da memória integral aquilo que pode interessar ao desenvolvimento do ser humano na carne. A grande massa de informações, entretanto, está fora do seu alcance, como que numa faixa vibratória mais elevada, portanto, inatingível para ele. É mero problema de física. Se por qualquer motivo a informação recolhida à memória integral interessa ao espírito numa emergência, este toma a iniciativa de, ele próprio, reduzir o teor vibratório daquele ponto específico, de modo a torná-lo acessível ao cérebro físico e, portanto, ao consciente. Não sei se as palavras são exatamente essas para tentar explicar fenômeno tão complexo, mas a ideia básica é essa. A memória fica à disposição permanente do espírito, não do homem. Este só tem rápidos *flashes* de intuição esclarecedora, sob determinadas condições.

De qualquer forma, o espírito que traz em si a acumulada experiência de muitas existências possui condições muito mais seguras de uma vida terrena serena e proveitosa. O seu aprendizado é muito mais rápido, seu cérebro mais lúcido, sua memória mais pronta, seu senso moral mais avançado.

17. A LEI DO AMOR E DO PERDÃO

Toleration does not become perfect until it has been transfigured into love.[56]
Arnold Toynbee

O ESQUECIMENTO DO passado, enquanto vive na carne, é necessário e útil, no sentido em que deixa ao homem a sua liberdade de ação e lhe faculta plena isenção no julgamento de fatos e pessoas. É muito mais fácil vencer uma dessas inexplicáveis aversões pessoais que às vezes temos até por parentes muito chegados, se ignoramos que aquele espírito foi nosso inimigo em passadas existências. É mais fácil acolher com carinho, na pessoa de um filho, o ser que em outra vida nos prejudicou, do que já recebê-lo com desconfianças e velhos ressentimentos, inevi-

56. A tolerância não se torna perfeita, até que tenha sido transfigurada em amor. (N.E.)

táveis se lhe conhecêssemos conscientemente a identidade.

Há nisso, porém, uma curiosa disposição. O homem não conhece as relações espirituais que guarda com os vários componentes do seu grupo familiar, com amigos e inimigos, mas o seu espírito sabe sempre. Ele próprio, nos seus desprendimentos habituais, durante o sono fisiológico, por exemplo, buscou aquele espírito e concordou em aceitá-lo como filho, como cônjuge ou amigo. Quando se diz que casamento e mortalha no céu se *talha...* (é preciso cometer um solecismo para rimar) enuncia-se uma verdade mais profunda do que pode parecer à superfície. No plano que traçamos ao renascer, figuram necessariamente os espíritos com os quais temos contas a ajustar, num sentido ou em outro, porque o ciclo de ação e reação só evolui para a liberação quando o caso passa para a jurisdição do amor. O preceito do "amai-vos uns aos outros" é bem mais do que uma frase e muito, muito mais do que uma fórmula apropriada para sermões. É um dispositivo científico, escorado em leis cósmicas perfeitas.

Se numa existência, por exemplo, mato um homem e na seguinte sou morto por ele, ou por outra pessoa, o que me matou também entra em débito com a lei e terá que reparar o seu crime. Sem o perdão que é amor em ação, o círculo jamais se romperia e ficaríamos a nos ferir e a nos atormentar mutuamente *ad infinitum*. Mas se àquele que nos prejudicou, acolhemos com amor e carinho, em vez de levantar para ele o braço assassino ou mesmo o dedo acusador, começamos imediatamente a sua e a nossa recuperação. Não que ele se isente da falta com o simples perdão que lhe concedemos, mas pelo menos está por nós liberado. Seu reajuste perante a lei se dará também da forma que ele decidir e, se também ele quiser recuperar um espírito faltoso, liquidará o seu desajuste com a moeda do amor, em vez de pagá-lo com sofrimento.

18. É ASSIM A MORTE

It is eternity now, I am in the midst of it. It is about me in the sunshine.[57]
RICHARD JEFFERIES

É ASSIM A morte, leitor: apenas outra face da vida. Não temos de morrer para penetrar os portais da eternidade, como dizem as teologias ortodoxas. Já estamos na eternidade, sempre estivemos nela, desde que começou a nossa caminhada, cujas trilhas se perdem na noite das nossas origens. E como estamos na eternidade, que importância e que significado podem ter a morte? Longe de ser um ponto final, é apenas um ponto e vírgula; uma pausa mais ampla para respirarmos e revermos os nossos arquivos e os nossos planos.

Isso, bem entendido, se levamos uma existência serena, contida pelos padrões éticos adequados. Ainda que não os respeitemos, entretanto, nem tudo está perdido. Sempre nos restará a oportunidade de recomeçar e refazer. É claro que isso o faremos um dia de lágrimas nos olhos e de coração angustiado e não com sorriso nos lábios, mas que se há de fazer? Quando não queremos ouvir o apelo da consciência teremos de ouvir, mais tarde, o gemido da dor.

Como gosto muito de ditos populares, vou lembrar mais um que diz: "Quem semeia ventos, colhe tempestades." Quanto às tempestades, não sei se para elas existe sementeira, mas que a gente colhe o que plantou não tenha dúvida, amigo. Você não pode obter cebolas semeando alface, nem colher milho onde plantou arroz. Logo não pode alcançar tranquilidade espiritual se antes espalhou aflições, oprimiu e maltratou o semelhante. Nada tem isso de pregação religiosa, nem de moralização barata. É um fato

57. A eternidade é agora, eu estou no meio dela. Trata-se de mim na luz do sol. (N.E.)

puramente científico. O preparo do futuro é no presente que se faz. Somos hoje resultantes das repercussões do que fizemos ontem e seremos amanhã aquilo que resultar dos nossos atos de hoje.

Inegavelmente somos os construtores do nosso próprio destino, embora para isso contemos com ajuda de toda ordem e de muita gente daqui e do outro lado da vida.

Os seres espirituais que nos vão esperar no limiar da vida *post mortem* são os amigos que fizemos aqui em vida – se os fizermos – com a nossa ajuda, a nossa amizade, a nossa compreensão, o nosso amor, ou serão os inimigos que alienarmos com os nossos ódios, as nossas vinganças, as nossas intolerâncias, o nosso egoísmo, a nossa cupidez ou a nossa indiferença. É muito mais fácil fazer inimigos. Basta o descuido de um momento de invigilância. O amigo é que custa mais, porque a plantinha da amizade exige cuidados para vingar e crescer. A indiferença enfraquece-a, a intolerância a envenena, o ódio a mata. Mas quando cresce e se revigora... Que sombra amiga! Que frutos saborosos!...

19. DA ARTE DE MORRER

The fact of the instability of evil is the moral order of the world.[58]
ALFRED NORTH WHITEHEAD

58. A instabilidade do mal está na ordem moral do mundo. (N.E.)

A ARTE DE morrer consiste, assim, essencial e exclusivamente em saber viver. Não o viver material, imediatista, anestesiado pela correria louca de quem só deseja o gozo irresponsável e se deixa apanhar pela arapuca da ilusão, mas o viver do espírito que luta, escorrega, cai e se levanta outra vez, porque deseja caminhar e subir.

A morte é mero incidente entre duas existências, uma na carne e outra fora dela. Não perdemos, com ela, nem a identidade, nem o conhecimento das coisas. Não mergulhamos, por ela, num poço de iniquidades eternas, nem subimos, angelicais, para um céu de beatitude, não menos absurdo.

Morrer é uma extraordinária aventura espiritual, um momento de dramática realidade, depois do qual novos horizontes se abrem diante de nós e à nossa volta, ou então novas angústias se fecham e desabam sobre nós, para nos ensinarem uma verdade que às vezes tanto custamos a aceitar e compreender.

O bem se pratica pelo que traz ele de benefício em si mesmo, qualquer que seja o beneficiário e não porque com ele possamos comprar um lote no céu teológico. Quanto ao mal, permita-me o acacianismo, é contrário aos nossos próprios interesses. Com a sua prática, nos atrasamos espiritualmente, porque assumimos compromissos que teremos inevitavelmente de resgatar, mais cedo ou mais tarde. Temos de evitá-lo a todo custo, mas não porque haja um inferno à nossa espera do outro lado e sim porque não é inteligente, não atende ao objeto da nossa vida, enveredar pelos caminhos do mal. Num mundo de harmonia imperturbável, o mal é transitório e insignificante em relação ao todo; uma pequena dissonância imperceptível numa sinfonia imensa. Ele tem de ser absorvido fatalmente e neutralizado. Logo, para que criar condições para sua eclosão se sabemos que nós mesmos teremos de ser mais adiante instrumentos da ratificação e do restabelecimento do equilíbrio?

Para terminar esta breve conversa, uma palavra de Angelus Silesius,[59] numa sonora tradução para o inglês: *Friend, let this be enough. If thou wouldst go on reading go and thyself become the writing and the meaning...*[60]

59. Pseudônimo de Johannes Scheffler, poeta germânico, filósofo e grande místico cristão do século 17, que procurou continuamente Deus dentro de si mesmo. (N.E.)

60. Amigo, que isso seja o suficiente. Se quiser continuar lendo, vá e se torne a letra e o significado... (N.E.)

APÊNDICE

KARDEC, O PENSADOR[61]

NÃO SE PODE medir a importância e profundidade das ideias dos pensadores pelo que alcançam ao publicar as suas obras. Alguns sistemas filosóficos passam por um período mais longo ou mais curto de hibernação até que consigam despertar a atenção e o interesse dos leitores. Outros, que parecem surgir vitoriosos, fenecem com o tempo e cedem a praça a novos sistemas fascinantes à fantasia do homem na sua busca interminável da verdade.

Existirá alguma lei que determine ou que, pelo menos, explique essas variações de êxito dos sistemas filosóficos? Parece que há. Para início de conversa, creio poder afirmar-se que o êxito, em termos humanos, é uma componente quantitativa mais do que qualitativa. Em outras palavras: o sucesso é alcançado por aquele que consegue interessar o maior número de pessoas e não pelo que tem o melhor sistema, a melhor peça teatral, o melhor romance, a mais bela sinfonia. Por conseguinte, podemos também concluir que o êxito mundano de um sistema filosófico depende da sua sintonia com o pensamento dominante da época. Dando um passo mais à frente, parece legítimo afirmar, em consequência, que pensador de êxito é aquele que

61. Artigo publicado originalmente na revista *O Reformador*, da Federação Espírita Brasileira, edição de março de 1969, apenas dois anos após o lançamento de *Os procuradores de Deus*. (N.E.)

consegue interpretar e traduzir o sentimento e as tendências dominantes da sua época, ou, por outra, que se afina com o estágio evolutivo das maiorias. Isto vale dizer que cada época tem os filósofos que merece.

Não é difícil de demonstrar a tese. Pelas tendências da sociedade moderna, podemos facilmente inferir os tipos predominantes de pensadores e seus sistemas. E que vemos? Uma esmagadora maioria humana sem rumo, num esforço desesperado para libertar-se dos conceitos fundamentais da moral que, embora nem sempre bem observados, constituíram as bases de tudo de positivo e construtivo que se realizou ao longo dos séculos. Aquilo a que hoje assistimos é a busca desordenada da liberdade total, impossível em qualquer sociedade organizada. Assistimos à procura do prazer a qualquer custo. E vemos apreensivos a repetição de épocas dramáticas do passado, quando aprendemos, por meio da história, que a fuga desesperada na direção do gozo inconsequente é também uma fuga para longe de Deus.

O homem das megalópoles supercivilizadas é um ser sem rumo, tão frágil na sua aparente segurança, tão abandonado aos seus próprios recursos humanos, que não aguenta uma hora de solidão; quer estar cercado de ruídos, de risos – ainda que falsos –, de alegria – ainda que contrafeita –, de movimento – mesmo que arriscando a vida. Mas que é a vida para esse homem senão apenas o prazer de viver? Existir é a ordem do dia; não importa como, nem porquê, nem para que: o importante é existir pura e simplesmente, seguindo cada qual as suas inclinações e preferências, fazendo o que bem entender, como o mínimo possível de responsabilidade pessoal e social – apenas o necessário para garantir a sobrevivência do corpo. Também, se o corpo morrer, não tem grande importância, porque tudo termina mesmo com a morte... E quando os ruídos, os risos, a alegria e o movimento não conseguem anestesiar suficientemente os sentidos, apela-se para o atordoamento produzido pela bebida e pelas drogas.

Dirá o leitor, algo alarmado, que esse é um retrato pessimista e exagerado da civilização moderna. Talvez seja exagerado; pessimista não, porque nem toda a humanidade está assim contaminada, graças a Deus. Dentro dela grupos humanos equilibrados lutam por dias melhores, aparentemente bradando no deserto, mas semeando a esperança do futuro, preocupados com a alucinação do presente, mas certos do funcionamento inevitável das leis divinas que atuarão no devido tempo para introduzir as correções necessárias.

Enquanto isso não ocorre, porém, é aquele o espetáculo que assistimos. E do meio do tumulto universal da insatisfação humana, que filosofias e que pensadores vemos medrar vigorosamente e alcançar o sucesso? Jean-Paul Sartre e sua companheira Simone de Beauvoir, Camus, e até Gabriel Marcel, que pregam a ausência de Deus, o absurdo da existência, a liberdade total para o homem escolher o seu próprio destino. São os papas e cardeais do existencialismo, uma corrente de pensamento que só cuida do simples fato de existir; o resto não importa, pois, segundo eles, a vida não tem mesmo explicação, nem finalidade, nem sentido.

No campo da teologia, temos os pensadores da chamada teologia radical. São eles William Hamilton e Thomas J. J. Altizer, que se dizem teólogos – e luteranos! – de uma teologia sem Deus. Para eles, Deus morreu. Para eles, não há mais, na sociedade moderna, lugar para Deus. A humanidade precisa aprender a viver sem Deus. Pregam uma das grandes contradições do século, ou seja, o ateísmo teológico. Repetem as palavras de outro luterano famoso – Dietrich Bonhoeffer, executado pelos nazistas já ao fim da Segunda Guerra, que assegurava ser perfeitamente possível viver sem Deus, sem desespero e sem complexos de culpa.[62]

62. É importante observar que texto é de 1969, e que determinadas colocações podem não ser adequadas à nossa época. Apesar de que, já no século 21, o autor escrevia sobre obras de autores contemporâneos da "crença na descrença" – como costumava chamar –, a exemplo de Sam Harris, Richard Dawkins e Michel Onfray. (N.E.)

No campo social, vamos encontrar Herbert Marcuse, o profeta do caos, que, com sua interpretação freudiana da história, deseja ver liberados todos os instintos, porque, segundo ele, o processo civilizador tem sido uma sucessão de repressões. Por outro lado, numa contradição que nós, pobres mortais, não entendemos muito bem, receia a liberdade excessiva que transformaria a Terra num inferno. Suas doutrinas são tão nebulosas quanto sua linguagem hermética, quase iniciática.

Aliás, os pensadores do nosso tempo – filósofos, teólogos e uma boa parte dos cientistas – não escrevem mais para o grande público, gente como você e eu: ao contrário, usam uma linguagem difícil, quase impenetrável ao entendimento daqueles que não tiveram muito treinamento para isso. Praticamente escrevem apenas para seus companheiros do mesmo ofício. Procurem ler, por exemplo, *Eros e civilização* ou *Ideologia da sociedade industrial* de Marcuse, e observem bem como é pequena a quantidade de ensinamentos que se consegue filtrar daquela terminologia agreste e abstrata.

Enquanto isso, doutrinas amadurecidas e puras como o espiritismo esperam a sua vez. Esperam que a humanidade as alcance, porque, pela sua maturidade, exigem certo grau mínimo de maturidade de seus adeptos. Por isso, Allan Kardec continua ignorado nas universidades, nos estudos de filosofia, nas histórias do pensamento humano. Apesar da celeuma que levantaram as ideias que ajudou a trazer para o mundo, foi também ignorado em sua época – não estava em sintonia com as maiorias de então.[63]

Ao nascer Allan Kardec em 1804, a França acabava de emergir das crises e das agonias da Revolução Francesa. Brilhava o astro napoleônico e se ensaiava uma reconstrução da sociedade em novas bases, aproveitando o racionalismo, o cientificismo. Quase que junto com Kardec, com uma diferença a mais de seis anos, nasceu também Augusto Comte, o filósofo do positivismo,

63. O autor pôde ver esse quadro em ampla modificação, e em 2011 escreveu aos participantes do 7º Encontro Nacional da Liga de Pesquisadores do Espiritismo, demonstrando alegria por estarem efetivamente "levando para o autorizado foro de debates do meio acadêmico, a desprezada realidade de que não somos meros corpos físicos perecíveis, mas espíritos imortais, pré-existentes, sobreviventes e reencarnantes". (N.E.)

doutrina escorada na frieza do fato observado. Fora da observação direta dos sentidos humanos, nada era digno de especulação – estava na área da metafísica. Nessa filosofia também não havia lugar para a sobrevivência do espírito, nem para Deus. O *Curso de filosofia positiva* foi publicado entre 1830 e 1842, e o *Sistema de política positiva*, de 1851 a 1854. É praticamente a época em que Kardec começou a se interessar pelo fenômeno das mesas girantes, de tão tremendas consequências.

Em 1857, quando faleceu Comte, surgiu também *O livro dos espíritos*. O positivismo era uma doutrina vitoriosa, porque respondia às tendências principais da especulação da época. O racionalismo frio dos enciclopedistas era inda recente e deixara profundas marcas nos espíritos. Comte trabalhara ativa e demoradamente esse terreno fértil e parecia realmente sintonizar-se com as correntes dominantes dos intelectuais contemporâneos. Suas doutrinas se espalharam pelo mundo, e aqui no Brasil, terra tão generosa para as ideias novas, viriam influenciar os homens que lançavam as bases da República. No entanto, apesar de todo o seu idealismo, do sentido humano, e da predominância da moral, faltou à doutrina de Comte o sentido superior da existência. Para ele, eram estéreis as especulações em torno do espírito e da ideia de Deus, que nem mesmo como hipótese de trabalho entrava em suas cogitações. Depois da partida dos espíritos encarnados que lhe davam ressonância, o positivismo decaiu no interesse daqueles que se ocupam da discussão de ideias.

Com Kardec está acontecendo o contrário: estão chegando os espíritos que reconhecem nas suas ideias a marca da verdade. Já naquela época, a despeito da tremenda oposição que encontrou, conseguiu semear largamente a sua seara. Sabia que a colheita não iria ser imediata, nem espetacular, porque apenas uma fração da humanidade estaria madura para aceitar a sua pregação, mas que importa isso para aquele que tem a certeza de estar ao abrigo da verdade?

Uma pergunta poderá, no entanto, surgir da parte de alguém: foi Kardec um pensador, um filósofo no sentido em que conhecemos a palavra? A resposta é: positivamente, sim. Sua obra pode ser dividida em duas partes distintas: uma, a que escreveu, por assim dizer, a quatro mãos com os espíritos – *O livro dos espíritos*; outra, a que escreveu ainda com evidente assistência espiritual, mas com seus próprios recursos e ideias que assimilara no trato dos problemas transcendentais que haviam sido colocados no primeiro.

A muito leitor desavisado poderá parecer de pequena monta o trabalho individual, pessoal, de Kardec na elaboração de *O livro dos espíritos*, mas não é isso que se passou. Imagine-se um de nós, o leitor ou eu, diante da tarefa. Sabemos apenas que nos incumbe escrever, com a colaboração dos espíritos, uma obra de extraordinária importância.

É, porém, extremamente cautelosa a colaboração dos espíritos. A princípio nem mesmo dizem que a tarefa consiste em escrever um livro para instrução do mundo nas coisas espirituais. Não dizem que feição deve ter o trabalho, a que roteiro deverá obedecer. Guiado apenas pelo seu bom senso e pela sua sadia e viva curiosidade, Kardec vai fazendo as perguntas sobre aquilo que lhe interessa conhecer. A princípio – confessaria mais tarde – desejava apenas instruir-se na exploração daquele mundo maravilhoso de conhecimentos que se abria diante dele. O assunto o fascinava, porque lhe trazia respostas a perguntas que até então haviam ficado sem solução no seu espírito.

Daí por diante, tudo se aclarava: Deus existia realmente, como existia o espírito. Este sobrevivia, preexistia e se reencarnava. Os 'mortos' se comunicavam com os 'vivos' e o universo todo era regido por leis morais flexíveis, mas iniludíveis.

Cada um tinha a responsabilidade pelos seus atos, recompensas pelas suas vitórias, responsabilidades pelas suas falhas. Os seres, como os mundos, eram organizados em escala hierárquica de valores, em que predominavam as leis simples da moral. A teologia ortodoxa estava toda ela precisando de uma total reformulação nos seus conceitos mais queridos, mais essenciais. Não havia inferno, nem glórias eternas, ao cabo de uma única existência terrena.

Tudo isso surgia das suas conversas intermináveis com os espíritos. Só o decorrer do tempo e a acumulação das respostas é que lhe vieram mostrar que perguntas e respostas tinham uma estrutura que lhes era própria e adquiriam a feição de um livro que ele resolveu dar à publicidade, pois que se ele aprendera ali tanta coisa útil, embora totalmente revolucionária, era necessário transmitir tais conhecimentos aos seus semelhantes.

E assim surgiu, em 1857, *O livro dos espíritos*, obra básica, vital ao entendimento de toda a filosofia espírita. Pela primeira vez rasgavam-se os véus que ocultavam a verdade. Pela primeira vez se escrevia uma obra reveladora de tão profundos conhecimentos, em linguagem singela, ao alcance de qualquer pessoa. Bastava saber ler ou saber ouvir o que alguém lesse.

Mas não parava ali a tarefa do grande missionário. Era preciso prosseguir, extraindo da nova doutrina as consequências que ela acarretaria sobre os demais ramos do conhecimento humano. Podemos imaginar Kardec a fazer a si mesmo algumas perguntas. Como ficaria a doutrina evangélica de Jesus diante daquelas ideias? E a ciência? E a religião dita cristã? Como funcionava essa estranha faculdade a que deu o nome de mediunidade? Dessas perguntas, surgiram os demais livros da sua obra.[64]

E assim, de 1854, quando, aos 50 anos, Kardec se interessou pelo fenômeno das mesas girantes, até 1869, quando regressou ao plano espiritual, decorreram os quinze anos libertadores que

64. *O livro dos médiuns* (1861), *O evangelho segundo o espiritismo* (1864), *O céu e o inferno* (1865) e *A gênese* (1868), dentre outros. (N.E.)

a humanidade ainda não aprendeu a reconhecer pelo que realmente valem e pelas influências cada vez maiores que vão exercer no futuro.

APÊNDICE

A OBRA ESPÍRITA DE HERMINIO C. MIRANDA

(em português)

- A *dama da noite*
  (coleção "Histórias que os espíritos contaram")
- A *irmã do vizir*
  (coleção "Histórias que os espíritos contaram")
- A *memória e o tempo*
- A *noviça e o faraó – a extraordinária história de Omm Sety*
- A *reencarnação na Bíblia*
- A *reinvenção da morte*
  (incorporada ao livro As *duas faces da vida*)
- *Alquimia da mente*
- *Arquivos psíquicos do Egito*
- As *duas faces da vida*

- *As mãos de minha irmã*
  (inicialmente intitulada *Histórias que os espíritos contaram* – coleção "Histórias que os espíritos contaram")
- *As marcas do Cristo,*
  publicada em dois volumes: 1 – Paulo, o apóstolo dos gentios; 2 – Lutero, o reformador
- *As mil faces da realidade espiritual*
- *As sete vidas de Fénelon*
  (série "Mecanismos secretos da história")
- *Autismo, uma leitura espiritual*
- *Candeias na noite escura*
- *Com quem tu andas?*
  (com Jorge Andrea dos Santos e Suely Caldas Schubert)
- *Condomínio espiritual*
- *Cristianismo: a mensagem esquecida*
- *De Kennedy ao homem artificial – crônicas de um e de outro*
  (com Luciano dos Anjos)
- *Diálogo com as sombras*
- *Diversidade dos carismas*
- *Estudos e crônicas*
- *Eu sou Camille Desmoulins*
  (com Luciano dos Anjos)
- *Guerrilheiros da intolerância*
  (série "Mecanismos secretos da história")
- *Hahnemann, o apóstolo da medicina espiritual*
- *Lembranças do futuro*
  (incorporada ao livro As duas faces da vida)
- *Memória cósmica*
- *Nas fronteiras do além*

- *Nossos filhos são espíritos*
- *O espiritismo e os problemas humanos*
  (com Deolindo Amorim)
- *O estigma e os enigmas*
- *O evangelho gnóstico de Tomé*
- *O exilado*
  (coleção "Histórias que os espíritos contaram")
- *O mistério de Patience Worth*
  (com Ernesto Bozzano)
- *O pequeno laboratório de Deus*
  (inicialmente intitulada *Negritude e genialidade*)
- *O que é fenômeno anímico*
  (série "Começar")
- *O que é fenômeno mediúnico*
  (série "Começar")
- *Os cátaros e a heresia católica*
- *Os procuradores de Deus*
- *Reencarnação e imortalidade*
- *Sobrevivência e comunicabilidade dos espíritos*
- *Swedenborg, uma análise crítica*

Traduzidas e comentadas

- *A feira dos casamentos*
  (de J. W. Rochester, psicografada por Vera Ivanova
  Kryzhanovskaia)

- *A história triste,*
  publicada em três volumes: 1 – Panda; 2 – Hatte;
  3 – Jesus (de Patience Worth, psicografado por Pearl
  Lenore Curran)
- *Muito além da morte*
  (de Luís J. Rodriguez)
- *O mistério de Edwin Drood*
  (de Charles Dickens, com final psicografado por
  Thomas P. James)
- *Processo dos espíritas*
  (de Madame Pierre-Gaëtan Leymarie)

Esta edição foi impressa nas gráficas do Centro de Estudos Vida & Consciência Editora Ltda., de São Paulo, SP, sendo tiradas sete mil cópias, todas em formato fechado 160x230mm e com mancha de 106x170mm. Os papéis utilizados foram o ofsete Chambril Book (International Paper) 90g/m² para o miolo e o cartão Supremo Alta Alvura (Suzano) 300g/m² para a capa. O texto principal foi composto em Goudy Old Style 12/15, as notas laterais em Geometr415 9/10,8 e os títulos em Geometr415 20/26. Eliana Haddad e Izabel Vitusso realizaram a preparação do texto. André Stenico elaborou o *design* da capa, o projeto gráfico e a editoração do miolo.

Setembro de 2015